ESSEN & GENIESSEN

HACKFLEISCH

ESSEN & GENIESSEN

HACK FLEISCH

135 köstliche Rezepte und über 350 Abbildungen

NAUMANN & GÖBEL

Redaktion: Astrid Leibisch
Fachredaktion: Ulrich Kuhn-Hein
Fotos: Naumann & Göbel Verlagsgesellschaft mbH, Köln
Schutzumschlaggestaltung: Rincón Partners, Köln
Herstellung: Wolfgang Linnenberg
Satzarbeiten: Script, Köln
Reproduktionen: spectra repro, Bergisch Gladbach
Gesamtherstellung: Naumann & Göbel Verlagsgesellschaft mbH, Köln

ISBN 3-625-10870-4

Die Vielseitigkeit des Hackfleischs wird meist unterschätzt, und es spielt zu Unrecht eine untergeordnete Rolle in der Küche. Man denkt vor allem an Frikadellen, Hamburger und Hackbraten. Gehacktes läßt sich jedoch so vielfältig verwenden, daß man damit ohne Probleme den Speisezettel für ein ganzes Jahr abwechslungsreich gestalten könnte. Nicht nur mit den gängigen Fleischsorten Rind und Schwein, sondern auch mit Kalb, Lamm und Wild lassen sich zahlreiche schmackhafte Gerichte zaubern.

So dienen zum Beispiel die Appetithappen, wie Frühlingsrollen, Jennerweins Bratäpfel und Herren-Toast, als pfiffige Snacks bei großen und kleinen Festen. Ausgefallene Suppenrezepte mit Hackfleisch, beispielsweise Endiviensuppe mit Muskatröllchen, Schottische Graupensuppe und Roter Linsentopf, finden ebenfalls Platz in diesem Band. Das Rinderfilet „Suzie Wong" und die Feine Kräuterpastete verwerfen das Klischee von der Einseitigkeit des Hackfleischs endgültig. Gemüse-, Auflauf- und Nudelgerichte mit Gehacktem – hier seien nur kurz der Auberginenauflauf und die Lasagnetaschen erwähnt – runden die vorgestellte Vielfalt ab.

Als Einführung finden Sie eine Warenkunde, die Informationen über die Geschichte, die Frische, die Vielfalt und das Würzen von Hackfleisch gibt und die die verwendeten Hülsenfrüchte und Gemüse kurz vorstellt.

Das Kochen mit Hackfleisch birgt auch für den Anfänger keine Schwierigkeiten, da es einfach zu verarbeiten ist. Zugleich bietet es dem fortgeschrittenen Koch raffinierte Variationsmöglichkeiten.

Die angegebene Menge bei den Rezepten ist immer bemessen für vier Portionen.

Wir wünschen viel Spaß beim Kochen und guten Appetit!

INHALT

WAS MAN ÜBER HACKFLEISCH WISSEN SOLLTE

Seine Geschichte
Gehacktes, Gewiegtes, Hack, Schabefleisch, Hackepeter usw. – fast jeder Landstrich hat eine andere Bezeichnung für Hackfleisch. Alle resultieren aus der Zeit, als das Fleisch auf dem Hackbrett tatsächlich noch gehackt oder geschabt wurde.
Gut gehackt ist halb gegart – dies ist eine alte Küchenweisheit.
Mit der Erfindung des Fleischwolfes war die mühselige Hackerei vorbei. Gleichzeitig wurde das Hackfleisch eine preiswerte Fleischspezialität, die zu Unrecht eine untergeordnete Rolle in der Küche spielt.

Die Frische
Alles hat seine Ordnung, auch das Hackfleisch!
Die deutsche Hackfleischverordnung ist eine der strengsten der Welt. Mit Recht, denn sie schützt den Verbraucher davor, sich etwas „andrehen" zu lassen.
Der Metzgermeister muß nach strengen Regeln vorgehen und darf Hackfleisch nur am Herstellungstag verkaufen. Außerdem muß es ohne Unterbrechung kühl lagern (zwischen +4 und +6° C), da das Fleisch durch das Zerkleinern schnell von Salmonellen oder anderen Bakterien befallen werden kann.
Geregelt ist auch, daß nur grob entsehntes oder rohes Muskelfleisch zu Hackfleisch verarbeitet werden darf. Zusätze, wie Salz oder Konservierungsstoffe, verbietet das Gesetz ebenfalls.
Auch Sie können dazu beitragen, daß das Hackfleisch-Essen zu einem Genuß ohne Reue wird: Verbrauchen Sie das Fleisch noch am gleichen Tag. Lagern Sie es bis dahin im Kühlschrank, aber nicht länger als acht Stunden.Wer es ganz frisch haben will, kauft das gewünschte Fleisch am Stück und dreht es selbst durch den Wolf.

Die Vielfalt
Vor dem Gesetz sind alle gleich – für die verschiedenen Sorten Hackfleisch trifft das nicht zu. In der bereits erwähnten Hackfleischverordnung wird der maximale Fettgehalt vom Beefsteakhackfleisch bis hin zum Schweinemett genau vorgeschrieben.
Im einzelnen sieht das so aus:
5-6 % Fettgehalt enthält Beefsteakhackfleisch, auch als Schabefleisch oder Tatar im Handel. Es darf nur aus schierem Muskelfleisch hergestellt werden, entweder aus dem falschen Filet oder aus der Oberschale.
10 % beträgt der Fettgehalt im Hackfleisch vom Kalb oder Lamm. Für diese Sorte werden Teile der Schulter ausgewählt. Aufgrund der geringen Nachfrage sollten Sie es bei Ihrem Metzger vorbestellen oder es selbst durch den Wolf drehen.
20 % Fettgehalt sind bei Rinderhackfleisch zulässig. Im Gegensatz zum Tatar wird es aus den preiswerten Teilen des Rindes, wie Rippen- und Bauchlappen, hergestellt.
25-30 % Fettanteile findet man im gemischten Hackfleisch, das je zur Hälfte aus Rind und Schwein bestehen muß. Daraus leitet sich auch die auf dem Markt übliche Bezeichnung „Hackfleisch – halb und halb" ab.
35 % Fettgehalt ist die Obergrenze, die per Gesetz festgeschrieben wurde. Darunter fallen reines Schweinehackfleisch und zubereitete Mettspezialitäten wie Hackepeter, Zwiebelmett u.ä.
Wildfleisch wird als Hackfleisch im Handel nicht angeboten und unterliegt auch keiner Hackfleischverordnung. Wer es selbst durch den Wolf drehen möchte, nimmt am besten Gulasch oder preiswerte Teile vom Hals oder aus der Schulter (Blatt).

Die Zubereitung und die Aufbewahrung

Beim Nachkochen von Hackfleischgerichten sind auch Anfänger nicht überfordert. Kleingehacktes ist nämlich problemlos zu verarbeiten, vorausgesetzt, man beherzigt ein paar kleine Tips.
Für die richtige Bindung sorgt das Ei. Frikadellen und Hackbraten fallen nicht auseinander, und Füllungen bleiben in Form. Gleichzeitig sollte der Fleischteig aber auch schön locker und saftig sein; das erreicht man mit der Zugabe von altbackenen Brötchen, Paniermehl oder gekochtem Reis.
Alle Zutaten werden gut gemischt und kräftig zu einem geschmeidigen Teig verknetet. Klopse und größere Braten lassen sich gut mit angefeuchteten Händen formen. Klößchen kann man auch mit zwei Teelöffeln abstechen.
Hackfleischgerichte müssen immer gut durchgebraten oder geschmort werden. Aber auch dann sind sie im Kühlschrank oder in der Tiefkühltruhe nur begrenzt lagerfähig.

– Kühlschrank 2-3 Tage
– Tiefkühltruhe bis zu drei Monaten bei -18° C

Rohes Hackfleisch sollten Sie nicht selbst einfrieren, da der Kühlprozeß in Haushaltsgeräten nicht schnell genug geht. Greifen Sie lieber zu schockgefrosteter Handelsware. Dabei ist Vorsicht geboten, daß beim Transport nicht die Tiefkühlkette unterbrochen wird. Anders ausgedrückt: angetaute Ware muß sofort verbraucht werden und darf nicht wieder eingefroren werden.

GUT GEWÜRZT IST HALB GEWONNEN

Das Würzen
Hackfleisch harmoniert wunderbar mit Kräutern und Gewürzen. Das liegt an der Konsistenz dieser Fleischsorte. Die Faserstruktur ist durch das Zerkleinern aufgelockert und besonders aufnahmebereit für so manches „delikate Kräutlein“. Übrigens sind die Begriffe Kräuter und Gewürze nicht ganz einfach auseinanderzuhalten. All jene Würzpflanzen, bei denen die Blättchen und eventuell auch die Stengel verwendet werden, rechnet man zu den Kräutern. Diejenigen dagegen, deren Blüten, Früchte, Rinde, Samen und Wurzeln genutzt werden, zählen zu den Gewürzen.
Auch als sparsame Hausfrau sollten Sie Hackfleischgerichte großzügig, ja fast verschwenderisch würzen, da während der Zubereitung etwas an Würzkraft verlorengeht.
Kräuter und Gewürze bringen aber nicht nur einen besonderen Geschmack und viele Vitamine, Mineralstoffe und Spurenelemente auf den Teller, sondern sie sind auch eine Wohltat für den Körper. Kümmel, Rosmarin, Salbei, Majoran, Oregano und Basilikum helfen, die Verdauung anzuregen. Knoblauch, Zwiebel und Dill stärken Herz und Kreislauf. Bohnenkraut, Liebstöckel und Petersilie unterstützen das Entschlacken. Dies sind nur einige Beispiele von vielen.

Am besten kommen Sie selbst auf den Geschmack!
Damit dies gelingt, haben wir verschiedenen Rezepten eine ganz besondere geschmackliche Note gegeben. Die darin verwendeten Gewürze stellen wir Ihnen kurz vor:

Anis
Anis hat einen starken, süß-herben Eigengeschmack und sollte deshalb sparsam verwendet werden. Die hellbraunen Samenkörner erinnern etwas an Kümmel. Anis gibt Gerichten eine pikante Note (nicht nur zur Weihnachtszeit).

Ingwer
Ingwer ist ein bevorzugtes Gewürz in asiatischen Küchen. Die schilfartige Staude liebt es warm und feucht. Das Geheimnis ihrer Würzkraft liegt in den bizarr

geformten Wurzeln. So ausgefallen wie die alraunenartige Form der Gebilde ist auch der Geschmack des Ingwers – lieblich-würzig und zugleich brennend-scharf.

Kardamom
Kardamom wird in Indien und Mittelamerika angebaut und kommt vorwiegend gemahlen in den Handel. Verwendet werden dazu die braunen bis ins rötlich-graue gehenden Samenkörner. Der herb-würzige Geschmack dieses Gewürzes wird durch ein leicht brennendes Gefühl auf der Zunge verstärkt.

Koriander
Im eigenen Garten läßt sich Koriander gut kultivieren. Die dillähnlichen einjährigen Pflanzen lieben einen sonnigen, geschützten Standort. Geerntet werden die etwa pfefferkorngroßen, gelbbraunen Samenkörner. Getrocknet und gemahlen duftet Koriander nach Muskat, Zimt und Orangenschalen.

Muskat
Die in Asien beheimatete Muskatnuß ist der Kern einer fleischigen Frucht und etwa walnußgroß. Die Würzkraft ist am besten, wenn sie kurz vor der Verwendung frisch gerieben wird. Der aromatische, leicht bittere Geschmack findet sich nicht nur in dem Kern, sondern auch in der Muskatblüte (Macis). Eigentlich ist die Bezeichnung „Blüte" nicht ganz korrekt, da es sich dabei um einen Samenmantel handelt, der die Frucht umhüllt.

Nelken
Schon im Altertum waren Nelken bekannt. Sie werden auch Gewürznelken genannt. Die Blütenknospen des immergrünen Nelkenbaumes haben ein pikantes, feurigscharfes und unverwechselbares Aroma. Auch ihre äußere Form ist sehr eigenwillig. Sie sehen aus wie kleine braune Nägel.

Piment
Der aromatisch-würzige Geschmack des Piments erinnert an Muskat und Nelken. Deshalb heißt der in Mittelamerika beheimatete Baum auch Piment- oder Nelkenpfefferbaum. Die kleinen dunkelbraunen Beeren wurden schon damals in Kochbüchern zum Beizen und Braten sowie für Innereien und kräftige Brühen empfohlen. „Gewürzkorn" ist die umgangssprachliche Bezeichnung.

Safran
Das teuerste Gewürz ist Safran. Es wird aus den Blütenfäden einer Krokusart gewonnen und nur grammweise als Fädchen oder pulverisiert angeboten. Typisch ist die intensive gelbe Farbe („Safran macht den Kuchen geel") und der feinherbe Geschmack.

VERWENDETE HÜLSENFRÜCHTE UND GEMÜSESORTEN

Was man über die Rezepte in diesem Buch wissen sollte
Im Laufe der Jahre sind viele schmackhafte und bekömmliche Hülsenfrüchte, Gemüse- und Getreidearten in Vergessenheit geraten. Auch wenig bekannte ausländische Spezialitäten erobern mehr und mehr unseren Markt. Wir haben sie in verschiedenen Rezepten verarbeitet – zum besseren Verständnis finden Sie in der rechten Spalte einige Informationen dazu.

Frisches Gemüse wird das ganze Jahr angeboten – das Treibhaus macht es möglich. Allerdings ist umstritten, ob der Nitratgehalt der Pflanzen tatsächlich in den vorgegebenen Grenzen liegt. Wir haben deswegen teilweise auf „echtes" Wintergemüse wie Schwarzwurzeln, Sellerie, Chicorée, Kohl (von Chinakohl bis Wirsing) und Rote Bete oder auf tiefgekühlte Ware aus der Sommerernte zurückgegriffen. Letztere hat außerdem den Vorteil, daß die mühselige Vorbereitungszeit durch Putzen entfällt und kein Abfall anfällt.
Genaueres zu den einzelnen Gemüsearten erfahren Sie auf Seite 13.

Hirse
Hirse ist reich an Fluor und Kieselsäure. Dies sind Komponenten, die Haar, Haut, Knochen und Fingernägel stärken. Außerdem enthält Hirse wertvolle Spurenelemente wie Eisen, Phosphor und Magnesium.

Graupen
Graupen sind besser als ihr Ruf und eine Variante der nahrhaften und vielseitigen Gerste. Schon unsere Großmütter wußten, daß eine kräftige Graupensuppe die Nerven beruhigt. Wie alle Getreidearten sind auch Graupen reich an Eiweiß, Mineralstoffen und Spurenelementen.

Rote Linsen
Auch die feine Küche hat die kleinen, besonders schmackhaften roten Linsen wiederentdeckt. Sie bringen aber nicht nur Farbe auf den Teller, sondern fördern auch die Gesundheit, dank vieler Vitamine, Mineralstoffe und Spurenelemente sowie hochwertigem Eiweiß.

Kichererbsen
Schon vor gut hundert Jahren waren Kichererbsen in Deutschland als Arme-Leute-Essen bekannt. Durch den steigenden Lebensstandard gerieten diese gelb-roten Hülsenfrüchte in Vergessenheit. In Südeuropa und Asien werden sie als vielseitiges Grundnahrungsmittel geschätzt. Seit einiger Zeit haben sie sich auch wieder einen Platz auf unserem Speisezettel erobert.

Wildreis
Wildreis ist gar kein Reis, sondern der Samen eines nordamerikanischen Sumpfgrases. Dieses Grundnahrungsmittel kanadischer Indianer muß von Hand gesammelt werden. Der zarte, nußartige Geschmack der schwarzbraunen Körner läßt den hohen Preis vergessen.

Brokkoli
Brokkoli sieht aus wie Blumenkohl und schmeckt wie Spargel. Deshalb heißt er auch Spargelkohl und wird hin und wieder frisch, aber überwiegend tiefgefroren angeboten. Er ist besonders in der sonnenarmen Jahreszeit zu empfehlen, da er reich an Vitamin C und Beta-Carotin ist.

Chicorée
Der herzhafte, bittere Eigengeschmack des Chicorées sollte bei der Zubereitung erhalten bleiben. Dieses Stengelgemüse ist reich an Mineralstoffen, Spurenelementen, Kohlehydraten und vor allem an Vitamin C.

Chinakohl
Eine elegante Variante zu den kräftigen einheimischen Kohlarten wie Weiß-, Rot- und Wirsingkohl ist der Chinakohl, ein leichtes, aber herzhaftes Wintergemüse.

Gemüsefenchel
Gemüsefenchel erinnert mit seinem pikanten Geschmack ein wenig an Hustensaft. Die dicken weißlichen Knollen bleiben bei kühler Lagerung lange frisch und sind echte Vitamin- und Energiebomben.

Steckrüben
Steckrüben stecken voller Vitamine und Mineralstoffe und sind der Geheimtip für „Rübchenliebhaber". Wer einmal auf den kräftigen Geschmack dieser gelben Kohlrüben gekommen ist, wird so schnell nicht mehr davon lassen.

Rote Bete
Frisch zubereitet sind Rote Bete eine Gemüsedelikatesse und haben nichts gemeinsam mit den im Handel angebotenen sauren „Einheits-Konserven". Dieses vitamin- und sehr eisenhaltige Wurzelgemüse mit der intensiven roten Farbe wird im Handel vom Herbst bis zum Frühjahr frisch angeboten.

Schwarzwurzeln
Unter einer dicken schwarzen Schale verbergen Schwarzwurzeln ihren wunderbaren Geschmack. Ihr Äußeres läßt nicht vermuten, daß sie zu den feinsten Wintergemüsen zählen. Wer sich jedoch an die zeitraubende und unangenehme Entfernung der Schale wagt, wird mit einem gesunden und schmackhaften Genuß belohnt.

Mangold
Mangold ist ein spinatähnliches Blattgemüse und war früher fast in jedem Gemüsegarten zu finden. Es handelt sich hierbei um ein sehr ergiebiges Gemüse, das den ganzen Sommer über geerntet werden kann. Die abgeschnittenen Stiele wachsen immer wieder nach. Die jungen, grünen Blatteile werden wie Spinat, die weißen Blattrippen wie Spargel zubereitet.

Pak-Choi
Pak-Choi oder chinesischer Senfkohl heißt dieses vor allem in Holland angebaute Gemüse. Es sieht aus wie Mangold, bildet aber feste Köpfe. Der Geschmack erinnert an Chinakohl. Pak-Choi schmeckt kräftig gewürzt am besten.

APPETITHAPPEN MIT PFIFF

Appetithappen sind kleine pikante Leckerbissen für viele Gelegenheiten. Sie eignen sich hervorragend als Vorspeise, um den Appetit anzuregen und die Wartezeit auf „kommende Genüsse“ zu verkürzen. Ebenso als herzhafte Zwischenmahlzeit, als kräftiger Abendimbiß oder pfiffiger Snack für große und kleine Parties.

HAMBURGER

400 g Beefsteakhack-fleisch
1 Ei
Salz
Pfeffer aus der Mühle
Paprikapulver
1 TL Senf
50 g Butterschmalz
2 Zwiebeln
4 Hamburger-Brötchen
1 kleiner Kopf Salat

1. Das Beefsteakhackfleisch mit Ei, Gewürzen und dem Senf vermengen.
2. Vier flache Steaks formen und in dem Butterschmalz von jeder Seite ca. 5–8 Minuten braten.
3. Die Zwiebeln schälen und in Ringe schneiden. In die Pfanne geben und mitbraten.
4. In der Zwischenzeit die Brötchen aufschneiden. Den Salat waschen, auseinanderzupfen, trockenschleudern und jeweils 1–2 Blätter auf die Unterseite der Brötchen legen.
5. Die Hamburger darauflegen und die Zwiebelringe darüber verteilen. Mit der zweiten Brötchenhälfte abdecken und servieren.

Pro Portion
ca. 1.986 kJ/472 kcal
Vorbereitungszeit: 10 Min.
Zubereitungszeit: 15 Min.

Cheeseburger
Pro Portion
ca. 2.316 kJ/551 kcal

Nudelburger
Pro Portion
ca. 2.753 kJ/655 kcal

Brotzeitburger
Pro Portion
ca. 1.713 kJ/408 kcal

Cheeseburger

Die flachen Hackfleischsteaks wie im Grundrezept beschrieben von jeder Seite kurz anbraten. Auf ein Backblech legen, mit jeweils einer Scheibe Chesterkäse belegen und bei starker Hitze ca. 5–8 Minuten überbacken, bis der Käse leicht zerläuft. Wie die Hamburger anrichten und servieren.

Nudelburger

Die flachen Hackfleischsteaks wie im Grundrezept beschrieben braten und dann warm stellen.
2 Zwiebeln in Ringe schneiden und im Bratfett anbraten. Aus 200 g gekochten Spaghetti 4 Nester formen und auf den mit Salatblättern belegten Brötchenunterseiten verteilen. Die Hacksteaks hineinlegen, mit Zwiebelringen belegen, mit den oberen Brötchenhälften abdecken und servieren.

Brotzeitburger

Die flachen Hackfleischsteaks wie im Grundrezept beschrieben braten und warm stellen. 2 Zwiebeln in Ringe schneiden und anbraten. Den Salat waschen, zerpflücken und trockenschleudern. 4 Scheiben Bauernbrot toasten, halbieren, mit je 1/2 Knoblauchzehe einreiben und mit Senf bestreichen.
4 Brothälften mit je 2–3 Salatblättern, mit den Hacksteaks und den Zwiebelringen belegen. Mit den restlichen Brotscheiben abdecken und servieren.

BRATKLÖSSCHEN AUF KOHLSALAT

1 Kopf Weißkohl
(ca. 750 g)
Salz
1 Zwiebel
1 Knoblauchzehe
3 EL Kräuterfrischkäse
Saft 1 Zitrone
Pfeffer aus der Mühle
1 Prise Zucker
1 TL Kümmel
250 g gemischtes
Hackfleisch
1 Ei
1 TL mittelscharfer Senf
50 g Butterschmalz

1. Den Weißkohl putzen, waschen und in feine Streifen schneiden. Mit Salz bestreuen und kräftig durchkneten, damit er schön weich wird.
2. Die Zwiebel und den Knoblauch schälen, fein würfeln und mit dem Kohl mischen.
3. Den Frischkäse mit Zitronensaft glattrühren, mit Pfeffer, dem Zucker und dem Kümmel kräftig abschmecken und unter den Weißkohl heben. Etwa 15–20 Minuten durchziehen lassen.
4. Das Hackfleisch mit dem Ei, Salz und dem Senf verkneten, zu Klößchen formen und im Butterschmalz anbraten.
5. Auf dem Salat anrichten und servieren.

Pro Portion
ca. 1.751 kJ/416 kcal
Vorbereitungszeit: 15 Min.
Zubereitungszeit: 25 Min.

OMELETT MIT PIKANTER SAUCE

500 g gemischtes
Hackfleisch
4 EL Butterschmalz
1 kleine Zwiebel
1 Dose geschälte
Tomaten (800 g)
Salz
Pfeffer aus der Mühle
Paprikapulver
1 EL gehackte Kräuter
(Basilikum, Majoran,
Oregano)
1 Becher Crème fraîche
(200 g)
10 Eier

1. Das Hackfleisch in 2 EL Butterschmalz anbraten. Dabei mit einer Gabel zerbröseln.
2. Die Zwiebel schälen, fein würfeln, zum Hackfleisch geben und gut 5–8 Minuten rösten.
3. Die Tomaten mit der Flüssigkeit dazugeben und aufkochen lassen. Mit Gewürzen und den Kräutern abschmecken und mit der Crème fraîche verfeinern. Warm stellen.
4. Für das Omelett die Eier trennen. Das Eiweiß steif schlagen. Das Eigelb mit etwas Salz verrühren und vorsichtig unter das Eiweiß heben.
5. Nacheinander bei geringer Hitze und abgedeckter Pfanne im restlichen Butterschmalz 4 Omeletts backen.
6. Auf vorgewärmten Tellern anrichten, zusammenklappen, mit der Fleischsauce begießen und sofort servieren.

Pro Portion
ca. 3.778 kJ/899 kcal
Vorbereitungszeit: 10 Min.
Zubereitungszeit: 30 Min.

ZWIEBELMETT MIT GEBACKENEN KARTOFFELN

500 g etwa gleich große Kartoffeln
Salz
Pfeffer aus der Mühle
1 Msp. Muskat
Olivenöl
250 g Schweinemett
1 rote Zwiebel
1 EL gehackte Kräuter (Basilikum, Thymian, Majoran)
Paprikapulver
1 Msp. Knoblauchpulver

1. Die Kartoffeln unter Wasser kräftig abbürsten und trockentupfen. Halbieren und mit Salz, Pfeffer und dem Muskat bestreuen.
2. Ein Backblech mit Olivenöl einfetten und die Kartoffeln mit der Schnittfläche daraufsetzen. Bei 200° C ca. 35–40 Minuten backen.
3. In der Zwischenzeit das Mett in eine Schüssel geben. Die Zwiebel schälen und würfeln. Zusammen mit den Kräutern und Gewürzen zum Mett geben. Alles gut miteinander mischen.
4. Auf einer Platte das Mett in der Mitte anrichten, die Kartoffeln rundherum verteilen und sofort servieren.

Pro Portion
ca. 1.126 kJ/268 kcal
Vorbereitungszeit: 10 Min.
Zubereitungszeit: 45 Min.

EIER IM SCHLAFROCK

1 kleine Zwiebel
2 EL Butter
1 EL Mehl
1/8 l Instant-Fleischbrühe
2 TL Currypulver
Salz
4 EL süße Sahne
3 EL Frischkäse
5 Eier
400 g gemischtes Hackfleisch
Pfeffer aus der Mühle
1/2 TL mildes Paprikapulver
1 TL grober Senf
2 EL Paniermehl
2 EL Butterschmalz

1. Die Zwiebel schälen, fein würfeln und in Butter anschwitzen. Das Mehl darüberstäuben und alles 5–8 Minuten dünsten. Mit der Brühe ablöschen, einmal aufkochen und 10 Minuten köcheln lassen.
2. Mit dem Curry und Salz abschmecken und mit der Sahne und dem Frischkäse verfeinern. Die Sauce warm stellen.
3. In der Zwischenzeit 4 Eier hart kochen, abschrecken und pellen.
4. Das Hackfleisch mit dem restlichen Ei mischen und kräftig mit Salz, Pfeffer, dem Paprikapulver und Senf würzen.
5. Aus der Masse 4 Bällchen formen und die gekochten Eier so in die Mitte drücken, daß sie ganz mit Hackfleisch bedeckt sind.
6. Die Bällchen in Paniermehl wenden und in Butterschmalz von allen Seiten braun und gar braten.
7. Auf vorgewärmten Tellern anrichten und mit der Currysauce servieren.

Pro Portion
ca. 2.978 kJ/709 kcal
Vorbereitungszeit: 5 Min.
Zubereitungszeit: 25 Min.

FRÜHLINGSROLLEN MIT PETERSILIENPESTO

250 g Weizenmehl
50 g Butter
1 TL Rotweinessig
Salz
200 g Petersilie
2 Knoblauchzehen
1 EL Walnußkerne
6 EL geriebener Parmesankäse
1/8 l kaltgepreßtes Distelöl
Pfeffer aus der Mühle
500 g gemischtes Hackfleisch
50 g Butterschmalz
Paprikapulver
3 Frühlingszwiebeln
1 rote Paprika
20 g eingeweichte Chinapilze (Muerr)
1 kleines Glas Sojabohnenkeime (150 g)
Sojasauce
Chinagewürz
Chilisauce (Fertigprodukt)
1 EL Öl

Pro Portion
ca. 4.852 kJ/1.155 kcal
Vorbereitungszeit: 40 Min.
Zubereitungszeit: 50 Min.

1. Das Mehl mit der Butter, dem Essig, Salz und 1/8 l lauwarmem Wasser kräftig durchkneten (Abb. 1). Zugedeckt an einem warmen Ort ca. 30 Minuten ruhen lassen (Abb. 2).
2. In der Zwischenzeit den Petersilienpesto zubereiten. Dafür die Petersilie waschen, trockenschleudern und grob hacken. Die Knoblauchzehen schälen und vierteln (Abb. 3).
3. Die Petersilie, den Knoblauch und etwas Salz in einem Mörser zerstoßen (Abb. 4).
4. Die Walnußkerne dazugeben und mit zerkleinern. Nach und nach den Käse unterziehen (Abb. 5). Das Öl langsam unter ständigem Rühren dazugeben (Abb. 6). Mit Salz und Pfeffer würzen und beiseite stellen.
5. Für die Füllung das Hackfleisch in dem Butterschmalz anbraten und dabei etwas zerbröseln (Abb. 7). Mit Salz, Pfeffer und Paprikapulver abschmecken, herausnehmen und warm stellen.
6. Die Frühlingszwiebeln und die Paprikaschote putzen, waschen und in grobe Stücke schneiden. Das Gemüse in dem Bratfett anschwitzen (Abb. 8). Die Pilze ausdrücken und die Sojabohnenkeime abtropfen lassen. Dazugeben und kurz mitbraten.
7. Das Gemüse mit dem Fleisch mischen. Alles mit Sojasauce, Chinagewürz und etwas Chilisauce abschmecken.
8. Den Teig auf einer mit Mehl bestreuten Arbeitsplatte hauchdünn ausrollen (Abb. 9) und in vier Teile schneiden.
9. Die Füllung auf die vier Teigplatten verteilen (Abb. 10) und einrollen (Abb. 11).
10. Auf einem eingeölten Backblech im vorgeheizten Backofen bei 200° C ca. 30–40 Minuten backen (Abb. 12). Warm mit der Sauce servieren.

Abb. 1

Abb. 2

Abb. 3

Abb. 4

Abb. 5

Abb. 6

Abb. 7

Abb. 8

Abb. 9

Abb. 10

Abb. 11

Abb. 12

JENNERWEINS BRATÄPFEL

1 kleiner Rotkohl (500 g)
1/2 Zwiebel
1 Lorbeerblatt
1 Msp. gemahlene Nelken
2 EL Schweineschmalz
3 EL Rotwein
100 g gekochter Schinken
2 Schalotten
300 g Wildgulasch
50 g Butterschmalz
1/2 TL gemahlener Piment
1/2 TL Orangenschalen-Aroma
1/2 TL gerebeltes Basilikum
1/2 TL getrockneter Thymian
4 große Boskoopäpfel
2 EL Rotweinessig
Salz
Pfeffer aus der Mühle

1. Den Rotkohl halbieren, dabei den harten Strunk entfernen und den Kohl in feine Streifen schneiden. Waschen und ohne abzutropfen in einen ausreichend großen Topf geben.
2. Die Zwiebel schälen, fein würfeln und zusammen mit den Gewürzen, dem Schmalz und dem Rotwein dazugeben. Etwa 1 Stunde schmoren lassen.
3. In der Zwischenzeit den Schinken würfeln. Die Schalotten schälen und ebenfalls in Würfel schneiden. Das Wildfleisch durch die feine Scheibe des Fleischwolfs drehen, dann in 4 EL Butterschmalz anbraten und dabei mit einer Gabel zerbröseln. Den Schinken, die Schalotten, die Gewürze und die Kräuter dazugeben und alles weitere 5–8 Minuten durchrösten. Anschließend warm stellen.
4. Die Äpfel waschen, einen Deckel abschneiden, das Kerngehäuse entfernen und die Früchte aushöhlen (Abb. 1). Das Fruchtfleisch kleinschneiden und unter den Rotkohl heben (Abb. 2).
5. Das Gemüse mit dem Essig, Salz und Pfeffer abschmecken, mit dem Hackfleisch mischen (Abb. 3) und in die Äpfel füllen (Abb. 4).
6. Eine flache Auflaufform mit dem restlichen Butterschmalz einfetten, die Äpfel hineinsetzen und im vorgeheizten Backofen bei 200° C ca. 15 Minuten braten.

Pro Portion
ca. 2163 kJ/515 kcal
Vorbereitungszeit: 20 Min.
Zubereitungszeit: 1 1/4 Std.

Abb. 1

Abb. 3

Abb. 2

Abb. 4

SCHUSTER-WECKEN

1 Paket Backmischung für Roggenbrötchen
400 g gemischtes Hackfleisch
1 Ei
Salz
Pfeffer aus der Mühle
1 Msp. Kümmelkörner
1 EL frische, gehackte Kräuter (Basilikum, Thymian, Majoran)
1 rote Paprikaschote
4 EL Sahnemeerrettich

1. Aus der Fertigbackmischung laut Packungshinweisen die Roggenbrötchen backen.
2. Das Hackfleisch mit dem Ei mischen und mit den Gewürzen und Kräutern kräftig abschmekken.
3. Die Paprikaschote halbieren, entkernen, waschen, in Würfel schneiden und unter das Hackfleisch ziehen.
4. Die Brötchen halbieren, etwas aushöhlen und mit dem Hackfleisch füllen.
5. Auf ein Backblech legen und im vorgeheizten Backofen bei 200° C ca. 25 Minuten backen.
6. Mit je 1 EL Sahnemeerrettich garnieren und sofort servieren.

Pro Portion
ca. 1.915 kJ/456 kcal
Vorbereitungszeit: 30 Min.
Zubereitungszeit: 30 Min.

HERREN-TOAST

150 g Kalbsleber
100 g durchwachsener Speck
Salz
Pfeffer aus der Mühle
1 TL gerebelter Estragon
150 g Rinderhackfleisch
1 EL Butter
2 EL Crème double
1 Knoblauchzehe
1 TL grober Senf
1 EL Zitronensaft
150 g Frischkäse
200 g Schmand (dicke saure Sahne)
3 EL Kräuter (Petersilie, Schnittlauch, Estragon, Salbei)
1 Msp. Zucker
4 Scheiben Vollkorntoast

1. Die Kalbsleber in grobe Würfel und den Speck in Streifen schneiden.
2. Den Speck auslassen. Herausnehmen und warm stellen.
3. Die Leber in dem Bratfett anbraten, mit Salz, Pfeffer und Estragon würzen und im Blitzhacker pürieren.
4. Das Rinderhackfleisch in der Butter anbraten und dabei etwas zerbröseln. Mit Salz und Pfeffer abschmecken und zusammen mit der Crème double unter das Leberpüree ziehen.
5. Für die Kräutercreme den Knoblauch schälen und zerdrücken. Zusammen mit dem Senf, dem Zitronensaft, dem Frischkäse und dem Schmand glattrühren. Mit den Kräutern verfeinern und mit Salz, Pfeffer und dem Zucker abschmecken.
6. Die Toastscheiben rösten, mit der Farce bestreichen, einen Klecks Kräutercreme daraufgeben und mit Speckstreifen garnieren.

Pro Portion
ca. 2.900 kJ/690 kcal
Vorbereitungszeit: 10 Min.
Zubereitungszeit: 20 Min.

GEFÜLLTE FRIKADELLEN

1 altbackenes Brötchen
1 Zwiebel
500 g gemischtes Hackfleisch
1 Ei
2 EL Ketchup
1 EL Senf
Salz
Pfeffer aus der Mühle
1 Msp. Knoblauchpulver
4 Sardellenfilets
2 Gewürzgurken
1 EL Kapern
50 g Butterschmalz

1. Das Brötchen einweichen, die Zwiebel schälen und fein würfeln.
2. Das Hackfleisch mit dem gut ausgedrückten Brötchen, dem Ei, den Zwiebelwürfeln, dem Ketchup und dem Senf verkneten.
3. Kräftig mit Salz, Pfeffer und dem Knoblauchpulver abschmecken.
4. Für die Füllung die Sardellenfilets und die Gewürzgurken in feine Würfel schneiden und mit den Kapern mischen.
5. Den Fleischteig in vier Portionen teilen und etwas flachdrücken. Die Füllung daraufgeben und gut mit dem Hackfleisch bedecken. Mit angefeuchteten Händen daraus Frikadellen formen und im Butterschmalz von jeder Seite 5–8 Minuten braten.

Pro Portion
ca. 2.244 kJ/534 kcal
Vorbereitungszeit: 15 Min.
Zubereitungszeit: 20 Min.

Gefüllte Frikadellen auf Italienische Art
Pro Portion
ca. 2.073 kJ/493 kcal

Gefüllte Frikadellen auf Schweizer Art
Pro Portion
ca. 1.686 kJ/401 kcal

Gefüllte Frikadellen auf Dänische Art
Pro Portion
ca. 2.411 kJ/574 kcal

Frikadellen auf Italienische Art

Eine Fleischtomate überbrühen, enthäuten, entkernen und in Würfel schneiden. Mit 3 EL in Würfel geschnittenem Mozzarellakäse, 1 EL gehacktem Thymian und 1 EL gehacktem Basilikum und Pfeffer mischen. Die Füllung wie im Grundrezept beschrieben in die Frikadellen arbeiten und braten.

Frikadellen auf Schweizer Art

100 g Rösti (Fertigprodukt) mit 150 g Weinsauerkraut und einer gehackten Zwiebel mischen. Mit Salz, Pfeffer und Muskat würzen und in die Frikadellen füllen. In Butterschmalz braten und servieren.

Frikadellen auf Dänische Art

125 g dänischen Edelpilzkäse mit 1 EL Birnensaft glattrühren. 2 Birnen aus der Dose in Würfel schneiden und daruntergeben. In die Frikadellen füllen und braten.

TATAR

2 Zwiebeln
450 g Tatar
1 EL rosa oder grüne Pfefferkörner
1 EL Kapern
Senf
1 Eigelb
Salz nach Geschmack
4 Scheiben Steinofenbrot

1. Die Zwiebeln schälen und in Würfel schneiden.
2. Das Tatar auf einer Platte anrichten. Die Pfefferkörner, die Kapern, den Senf und die Zwiebelwürfel darum herum verteilen.
3. Mit einer Gabel eine kleine Vertiefung in das Tatar drücken und das Eigelb vorsichtig hineinsetzen. Nach Geschmack salzen.
4. Die Brotscheiben leicht anrösten und getrennt dazu reichen.

Pro Portion
ca. 1.159 kJ/276 kcal
Vorbereitungszeit: 5 Min.
Zubereitungszeit: 10 Min.

MEXIKANISCHE TACOS

500 g Rinderhackfleisch
50 g Butterschmalz
1 kleine Zwiebel
1 rote Chilischote
2 EL Chilisauce (Fertigprodukt)
1 EL Meerrettich
1 TL scharfer Senf
1 TL Worcestersauce (Fertigprodukt)
Salz
Cayennepfeffer
6 Tacos (mexikanische Maisschalen, Fertigprodukt)

1. Das Hackfleisch in dem Butterschmalz anbraten und dabei etwas zerbröseln.
2. Die Zwiebel schälen und würfeln. Die Chilischote ebenfalls in kleine Würfel schneiden. Beides zu dem Hackfleisch geben und alles ca. 10 Minuten durchrösten. Mit Chilisauce, Meerrettich, Senf, Worcestersauce, Salz und Cayennepfeffer feurig-scharf abschmecken.
3. In der Zwischenzeit die Tacos aufbacken, füllen und sofort servieren.

Pro Portion
ca. 2.184 kJ/520 kcal
Vorbereitungszeit: 5 Min.
Zubereitungszeit: 25 Min.

ENGLISCHE BEEF-TÖRTCHEN

100 g Mehl
50 g Butter
1 Eigelb
Salz
1 EL süße Sahne
250 g Beefsteak-hackfleisch
20 g Butterschmalz
1 Zwiebel
Salz
Pfeffer aus der Mühle
Paprikapulver
1 EL Guinness Ale oder helles Bier
1 EL gehackte Minze
1 EL Cumberlandsauce (Fertigprodukt)
einige Minzeblättchen

1. Das Mehl mit der Butter, dem Eigelb, Salz und der Sahne verkneten und ca. 30 Minuten kühl stellen.
2. Das Beefsteakhackfleisch im Butterschmalz bröselig anbraten. Die Zwiebel schälen, fein würfeln, dazugeben und kurz anschwitzen.
3. Mit den Gewürzen kräftig abschmecken. Mit dem Bier und der gehackten Minze verfeinern und mit der Cumberlandsauce aromatisieren.
4. Vier Tortelettförmchen einfetten und den Teig hineindrücken. Das Beefsteakhackfleisch hineingeben und im vorgeheizten Backofen bei 175° C 30 Minuten backen. Mit den Minzeblättchen garnieren und warm servieren.

Pro Portion
ca. 1.408 kJ/335 kcal
Vorbereitungszeit: 45 Min.
Zubereitungszeit: 30 Min.

FRANZÖSISCHER FLEISCHKUCHEN

1 Paket Tk-Ratatouille-gemüse (250 g)
500 g gemischtes Hackfleisch
Salz
Pfeffer aus der Mühle
Paprikapulver
1 EL getrocknete Kräuter der Provence
1 EL Rotwein
1 EL Olivenöl

1. Das Gemüse laut Packungshinweisen auftauen lassen.
2. Das Hackfleisch kräftig mit Salz, Pfeffer und Paprikapulver würzen und mit den Kräutern verfeinern.
3. Das Gemüse unter das Fleisch heben und mit Rotwein abschmecken.
4. Ein Backblech mit Alufolie auslegen und mit dem Olivenöl bestreichen.
5. Die Hackfleischmasse darauf verteilen und im vorgeheizten Backofen bei 200° C ca. 30 Minuten backen.
6. Aufschneiden und warm oder kalt servieren.

Pro Portion
ca. 1.690 kJ/402 kcal
Vorbereitungszeit: 15 Min.
Zubereitungszeit: 40 Min.

SCHWEDISCHES PARTYGEBÄCK

850 g Mehl
2 TL Backpulver
1 TL Salz
100 g Butter
1 Würfel frische Hefe (40 g)
1/2 l lauwarme Milch
300 g gemischtes Hackfleisch
50 g Butterschmalz
1 kleine Zwiebel
Salz
Pfeffer aus der Mühle
Paprikapulver
1 EL gerebelter Thymian
2 Senfgurken

Pro Portion
ca. 5.601 kJ/1.333 kcal
Vorbereitungszeit: 50 Min.
Zubereitungszeit: 25 Min.

1. Das Mehl mit dem Backpulver mischen und in eine Schüssel sieben (Abb. 1). Das Salz und die Butter in Flöckchen am Rand verteilen und in die Mitte eine Vertiefung drücken (Abb. 2).

2. Die Hefe in die Mitte bröckeln (Abb. 3) und mit etwas warmer Milch auflösen. Nach und nach mit dem Mehl und der restlichen Milch zu einem geschmeidigen Teig kneten (Abb. 4). Abdecken und an einem warmen Ort gehen lassen, bis sich das Volumen verdoppelt hat (Abb. 5).

3. In der Zwischenzeit die Füllung zubereiten. Dafür das Hackfleisch in dem Butterschmalz anbraten und dabei etwas zerbröseln (Abb. 6). Die Zwiebel schälen, fein würfeln, dazugeben und mit anschwitzen. Das Ganze mit den Gewürzen und Thymian abschmecken.

4. Die Senfgurken in kleine Würfel schneiden und unter die Hackfleischmasse ziehen.

5. Den Teig noch einmal kräftig durchkneten und auf einer bemehlten Arbeitsfläche dünn ausrollen (Abb. 7).

6. Die Füllung daraufstreichen (Abb. 8). Die Teigplatte fest zusammenrollen (Abb. 9). Jeweils 3 cm lange Stücke abschneiden (Abb. 10) und auf ein gefettetes Backblech setzen (Abb. 11). Nochmals 15–20 Minuten gehen lassen und im vorgeheizten Backofen bei 225° C 20–25 Minuten backen.

7. Vor dem Servieren in kleine Papiermanschetten setzen (Abb. 12).

Abb. 1

Abb. 2

Abb. 3

Abb. 4

Abb. 5

Abb. 6

Abb. 7

Abb. 8

Abb. 9

Abb. 10

Abb. 11

Abb. 12

SUPPEN UND EINTÖPFE

Vom leichten Süppchen bis zum kräftigen Eintopf – bei diesen Rezepten wird auch der hartnäckigste Suppenkaspar schwach. Denn wer könnte zu einer Goslarer Hochzeitssuppe oder einer Spargelcremesuppe schon „nein" sagen?

WILDBRÜHE MIT INGWERKLÖSSCHEN

400 g Wildknochen
(Rippen, Hals, Blatt)
1/8 l Weißwein
2 Zwiebeln
1 Möhre
1/2 Lauchstange
Salz
Pfeffer aus der Mühle
250 g Wildgulasch
Paprikapulver
1 TL gemahlener Ingwer

1. Die Knochen kalt abspülen und mit Wein und 3/4 l Wasser in einen Topf geben. Aufkochen und abschäumen. Die Zwiebel schälen, die Möhre und den Lauch putzen und alles in grobe Stücke schneiden. Zugeben und ca. 40 Minuten köcheln lassen.
2. Durch ein Tuch sieben und wieder in den Topf geben. Mit Salz und Pfeffer abschmecken.
3. In der Zwischenzeit das Wildfleisch durch die feine Scheibe des Fleischwolfes drehen. Das Hackfleisch mit den Gewürzen abschmecken, zu kleinen Klößchen formen und in der Brühe garziehen lassen. In vorgewärmten Suppentassen servieren.

Pro Portion
ca. 2.506 kJ/596 kcal
Vorbereitungszeit: 10 Min.
Zubereitungszeit: 50 Min.

Estragonklößchen
Pro Portion
ca. 2.482 kJ/591 kcal

Portweinklößchen
Pro Portion
ca. 2.900 kJ/690 kcal

Minzklößchen
Pro Portion
ca. 2.592 kJ/617 kcal

Estragonklößchen

250 g Kalbshackfleisch mit Salz, Pfeffer, 1 Msp. Anis, 1 TL gerebeltem Estragon, etwas Fenchelgewürz und 1/2 TL Kräutern der Provence abschmecken und in der Brühe garziehen lassen.

Portweinklößchen

250 g gemischtes Hackfleisch mit Salz, Pfeffer und 1 EL Portwein abschmekken und in der Brühe garziehen lassen.

Minzklößchen

250 g Lammhackfleisch mit Salz, Pfeffer, 1 EL Mangochutney, 1 TL Sesamsamen, 1 TL Currypulver und etwas gehackter Minze in der Brühe garen.

HIRSEEINTOPF

1/2 Sellerieknolle (250 g)
1 Fenchelknolle (250 g)
1/2 Stange Porree (100 g)
1 l Instant-Fleischbrühe
250 g Hirse (Goldhirse, ganze Körner)
250 g gemischtes Hackfleisch
Salz
Pfeffer aus der Mühle
Curry
1 Zwiebel
1 Ei
50 g Butterschmalz

1. Das Gemüse putzen und waschen. Den Sellerie in Würfel, den Fenchel in Streifen und den Lauch in Ringe schneiden.
2. Die Brühe in einem Topf zum Kochen bringen und das Gemüse mit der Hirse hineingeben. Etwa 20 Minuten kochen lassen.
3. In der Zwischenzeit das Hackfleisch mit Salz, Pfeffer und Curry kräftig abschmecken. Die Zwiebel schälen und fein würfeln. Mit dem Ei zum Hackfleisch geben und gut durchkneten.
4. Aus der Mischung kleine Rollen formen, im Butterschmalz von allen Seiten braun braten und vorsichtig unter den Eintopf heben.
5. Das Ganze mit Curry verfeinern und servieren.

Pro Portion
ca. 4.995 kJ/1.189 kcal
Vorbereitungszeit: 15 Min.
Zubereitungszeit: 25 Min.

Tip

Hirse ist eine schmackhafte und leichtverdauliche Getreideart. Bei uns weiß man leider nicht so recht, was man mit den reisähnlichen Körnchen anfangen soll. Weltweit aber, besonders in trockenen Ländern, ist Hirse ein begehrtes Grundnahrungsmittel.

VOLLKORNNUDEL-SUPPE

1 Paket Tk-Suppengemüse (500 g)
300 g gemischtes Hackfleisch
Kräutersalz
Pfeffer aus der Mühle
Paprikapulver
1 Msp. frisch geriebener Muskat
1 Zwiebel
1 l Instant-Gemüsebrühe
200 g Vollkornnudeln (Hörnchen)
1 TL gehackte Kräuter (Petersilie, Schnittlauch)

1. Das Suppengemüse auftauen lassen.
2. Das Hackfleisch mit den Gewürzen abschmecken. Die Zwiebel schälen, fein würfeln und dazugeben. Alles gut durchmischen. Aus dem Hackfleisch 2 große Knödel formen und beiseite stellen.
3. Die Brühe in einen Topf geben und zum Kochen bringen. Das Gemüse und die Nudeln hineingeben und 10 Minuten köcheln lassen.
4. Die Knödel hinzufügen und 10 Minuten garziehen lassen.
5. Die Klöße mit einer Schaumkelle aus der Suppe nehmen und in Scheiben schneiden. Auf vorgewärmte Teller legen und die Suppe darüber verteilen. Mit den Kräutern bestreuen und servieren.

Pro Portion
ca. 2.232 kJ/531 kcal
Vorbereitungszeit: 15 Min.
Zubereitungszeit: 25 Min.

LEBERKNÖDELSUPPE

2 altbackene Brötchen
1 Zwiebel
125 g Kalbs- oder Schweineleber
125 g gemischtes Hackfleisch
50 g Butter
2 Eier
4 EL Paniermehl
Salz
Pfeffer aus der Mühle
1 TL gerebelter Thymian
1 TL gerebelter Majoran
1 Msp. Kümmel
1 Msp. Muskat
3/4 l Instant-Fleischbrühe
1 EL frisch gehackte Petersilie

1. Die Brötchen einweichen.
2. Die Zwiebel schälen und in sehr feine Würfel schneiden.
3. Die Leber waschen (Abb. 1), trockentupfen, alle Häutchen und Sehnen entfernen (Abb. 2) und durch die feinste Scheibe des Fleischwolfes drehen (Abb. 3). Zusammen mit dem Hackfleisch zu den Zwiebelwürfeln geben.
4. Die Butter schaumig schlagen, zusammen mit den Eiern, dem ausgedrückten Brötchen und dem Paniermehl unter den Fleischteig heben.
5. Das Ganze mit den Gewürzen kräftig abschmecken und gut vermengen.
6. Die Brühe zum Kochen bringen (Abb. 4). Von dem Fleischteig Klößchen abstechen (Abb. 5) und in der Brühe 6–8 Minuten gar ziehen lassen (Abb. 6).
7. Die Suppe mit der Petersilie bestreuen und servieren.

Pro Portion
ca. 3.081 kJ/733 kcal
Vorbereitungszeit: 20 Min.
Zubereitungszeit: 10 Min.

Abb. 1

Abb. 2

Abb. 3

Abb. 4

Abb. 5

Abb. 6

ROTE-BETE-TOPF

3 Zwiebeln
2 EL Butterschmalz
200 g gemischtes Hackfleisch
250 g Rote Bete
1 Dose geschälte Tomaten (375 g Einwaage)
1/2 l Instant-Gemüsebrühe
1 Msp. Kümmelkörner
Salz
Pfeffer
100 g Schlagsahne
1/2 Bund Schnittlauch

1. Die Zwiebeln schälen und in Würfel schneiden. Das Butterschmalz erhitzen und die Zwiebelwürfel darin glasig anschwitzen. Das Hackfleisch zugeben und mit anbraten.
2. Die Rote Bete schälen und in Würfel schneiden. Dazugeben und alles zusammen 2 Minuten dünsten.
3. Die Tomaten mit der Flüssigkeit, die Gemüsebrühe und die Gewürze dazugeben und ca. 30 Minuten köcheln lassen.
4. Die Schlagsahne steif schlagen. Den Schnittlauch waschen, trockenschütteln und in Röllchen schneiden. Die Suppe auf Teller verteilen, mit Sahne und Schnittlauch garnieren und sofort servieren.

Pro Portion
ca. 2.695 kJ/641 kcal
Vorbereitungszeit: 15 Min.
Zubereitungszeit: 35 Min.

Tip

Rote Bete, die unscheinbaren Knollen, gelten in Feinschmeckerkreisen als Geheimtip. Ein bis zwei Eßlöffel frisch geriebene Rote Bete unter die Hackfleischmasse gezogen, geben dem Gericht eine besonders pikante Note.

ENDIVIENSUPPE MIT MUSKATRÖLLCHEN

500 g Endiviensalat
1 Zwiebel
1 Ei
1 EL Paniermehl
250 g gemischtes Hackfleisch
Salz
Pfeffer aus der Mühle
1/2 TL frisch geriebener Muskat
50 g Butterschmalz
1/2 l Instant-Fleischbrühe
50 g Reis

1. Den Salat putzen, in feine Streifen schneiden, waschen und trockenschleudern.

2. Die Zwiebel schälen, in feine Würfel schneiden und mit Ei und Paniermehl zum Hackfleisch geben. Die Masse mit den Gewürzen kräftig abschmecken. Alles gut vermengen, zu Röllchen formen, im Butterschmalz von allen Seiten braun braten und warm stellen.

3. Die Brühe aufkochen und den Reis hineingeben. Etwa 15 Minuten köcheln lassen. Den Salat dazugeben und weitere 5 Minuten gar ziehen lassen. Mit Salz, Pfeffer und Muskat abschmecken.

4. Die Muskatröllchen auf vorgewärmte Teller verteilen, die Suppe dazugeben und servieren.

Pro Portion
ca. 2.750 kJ/654 kcal
Vorbereitungszeit: 10 Min.
Zubereitungszeit: 50 Min.

GOSLARER HOCHZEITSSUPPE

2 rote Zwiebeln
750 g Markknochen
2 EL Olivenöl
Salz
750 g Porree
750 g Kartoffeln
300 g gemischtes Hackfleisch
1 EL Butterschmalz
Pfeffer aus der Mühle
frisch geriebener Muskat
80 g Mehl
2 Eier

Pro Portion
ca. 4.713 kJ/1.122 kcal
Vorbereitungszeit: 10 Min.
Zubereitungszeit: 2 Std.

1. Die Zwiebeln schälen und fein würfeln. Die Markknochen waschen und trockentupfen (Abb. 1).
2. Die Zwiebelwürfel im Öl glasig dünsten. Die Knochen dazugeben und kurz anbraten (Abb. 2). Mit 2 l Wasser ablöschen und salzen. Aufkochen, abschäumen und ca. 1 1/2 Stunden köcheln lassen. Dann die Brühe durchsieben (Abb. 3).
3. Den Porree putzen, waschen und in Ringe schneiden (Abb. 4). Etwa 20 Minuten in der Brühe ziehen lassen. Das Mark aus den Knochen entfernen (Abb. 5) und dazugeben.
4. Die Kartoffeln waschen und schälen. Die eine Hälfte in reichlich Salzwasser gar kochen, die andere Hälfte roh lassen.
5. In der Zwischenzeit das Hackfleisch im Butterschmalz bröselig anbraten (Abb. 6). Salzen, pfeffern und warm stellen.
6. Die gekochten Kartoffeln durch eine Kartoffelpresse drücken (Abb. 7). Die rohen Kartoffeln feinreiben (Abb. 8) und mit den gekochten Kartoffeln und dem Hackfleisch mischen (Abb. 9). Mit Pfeffer, Salz und Muskat abschmecken und mit dem Mehl und den Eiern gut verkneten (Abb. 10).
7. Aus dem Teig kleine Klöße formen (Abb. 11) und in reichlich Salzwasser ca. 10 Minuten ziehen lassen (Abb. 12). Herausnehmen und auf 4 Teller verteilen. Die Suppe darübergeben und servieren.

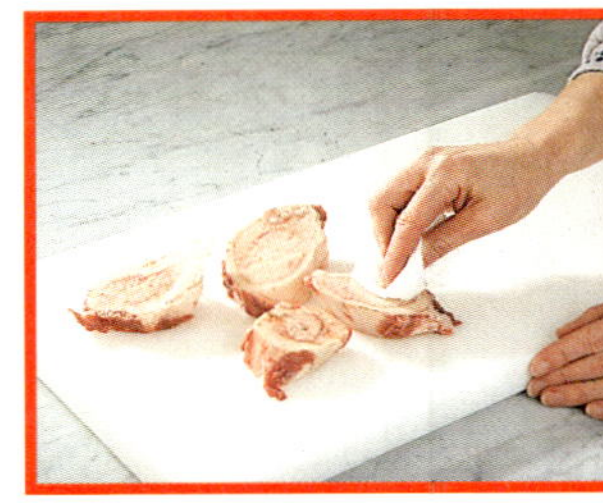
Abb. 1

Abb. 2

Abb. 3

Abb. 4

Abb. 5

Abb. 6

Abb. 7

Abb. 8

Abb. 9

Abb. 10

Abb. 11

Abb. 12

ROTER LINSENEINTOPF

200 g getrocknete Aprikosen
500 g rote Linsen
100 g durchwachsener Speck
1 Zwiebel
300 g gemischtes Hackfleisch
1/4 l Rotwein
1/4 l Instant-Gemüsebrühe
1/2 Bund Frühlingszwiebeln (150 g)
1 EL Rotweinessig
Zucker

1. Die Aprikosen über Nacht einweichen.
2. Die Linsen verlesen, mit heißem Wasser übergießen und ca. 1 Stunde stehenlassen.
3. Den Speck in Würfel schneiden und auslassen. Die Zwiebel schälen, in Würfel schneiden, zu dem Speck geben und glasig dünsten.
4. Das Hackfleisch ebenfalls dazugeben, rundherum anbräunen und dabei etwas zerbröseln.
5. Die gut abgetropften Linsen, den Rotwein und die Gemüsebrühe dazugeben und ca. 15 Minuten köcheln lassen.
6. Die Frühlingszwiebeln putzen, waschen und in feine Ringe schneiden. Zusammen mit den abgetropften Aprikosen in die Suppe geben und weitere 15 Minuten köcheln lassen.
7. Die Suppe mit Essig und Zucker pikant abschmecken und servieren.

Pro Portion
ca. 4.735 kJ/1.127 kcal
Vorbereitungszeit: 1 Std.
(ohne Einweichzeit)
Zubereitungszeit: 30 Min.

Tip

Frühlingszwiebeln haben ein feines Aroma, einen Hauch von Zwiebeln. Damit harmonieren sie gut mit dem pikanten Geschmack der roten Linsen. Eine kräftige Zwiebel würde die zarte Komposition stören.

SCHOTTISCHE GRAUPENSUPPE

1 Rinderbeinscheibe (ca. 300 g)
5 Zwiebeln
1 Bund Suppengrün (ca. 300 g)
1 EL Öl
100 g feine Graupen
1 Paket Tk-Suppengemüse (450 g)
250 g gemischtes Hackfleisch
1 Ei
Salz
Pfeffer aus der Mühle
1/2 Bund Petersilie
Whisky nach Geschmack

1. Die Beinscheibe waschen und mit 1 l Wasser zum Kochen bringen. Die Zwiebeln schälen und das Suppengrün waschen und putzen. Den Sud abschäumen, 2 Zwiebeln und das Suppengrün hinzufügen und bei geringer Temperatur ca. 1 Stunde köcheln lassen.

2. Die restlichen Zwiebeln in Ringe schneiden. Das Öl erhitzen und die Zwiebeln darin glasig dünsten. Die Graupen dazugeben und unter Rühren ca. 3 Minuten mitdünsten.

3. Die Brühe durchsieben und zu den Graupen geben. Das Tk-Gemüse in die Suppe geben und das Ganze aufkochen lassen.

4. Das Hackfleisch mit dem Ei und den Gewürzen vermischen und zu Bällchen formen. In die Suppe geben und alles zusammen ca. 20 Minuten garen.

5. Inzwischen die Petersilie waschen, trockenschütteln und feinhacken. Die Suppe mit Whisky verfeinern und mit Petersilie bestreut servieren.

Pro Portion
ca. 4.638 kJ/1.104 kcal
Vorbereitungszeit: 15 Min.
Zubereitungszeit: 1 1/2 Std.

SPARGELCREMESUPPE MIT KALBSKLÖSSCHEN

1/2 Stange Lauch (50 g)
50 g Knollensellerie
30 g Butter
30 g Mehl
1 l Instant-Gemüsebrühe
300 g Spargelabschnitte
250 g Kalbshackfleisch
1 Ei
1 EL gehackter Estragon
Salz
Pfeffer aus der Mühle
1 Msp. frisch geriebener Muskat
Paprikapulver
50 g Butterschmalz
Zucker
100 g süße Sahne

1. Den Lauch und den Sellerie waschen, putzen und in Würfel schneiden. Etwa 5 Minuten in der Butter dünsten.
2. Das Mehl nach und nach darüberstäuben und kurz anschwitzen. Mit der Brühe ablöschen und unter Rühren aufkochen.
3. Die Spargelabschnitte waschen, schälen und in die Suppe geben. Ca. 25 Minuten mitkochen lassen.
4. In der Zwischenzeit das Hackfleisch mit dem Ei und dem Estragon mischen und mit Salz, Pfeffer, Muskat und Paprika herzhaft abschmecken. Bällchen formen und in dem Butterschmalz braten, jedoch nicht zu braun werden lassen. Warm stellen.
5. Die Suppe pürieren, durchsieben und mit Salz, Pfeffer, Zucker und Muskat abschmecken. Die Sahne steif schlagen und kurz vor dem Servieren unter die Suppe ziehen.
6. Die Bällchen auf Teller verteilen und mit der Suppe begießen.

Pro Portion
ca. 4.046 kJ/963 kcal
Vorbereitungszeit: 10 Min.
Zubereitungszeit: 40 Min.

Zucchinicremesuppe
Pro Portion
ca. 4.081 kJ/971 kcal

Lauchcremesuppe
Pro Portion
ca. 4.150 kJ/989 kcal

Gurkencremesuppe
Pro Portion
ca. 4.040 kJ/961 kcal

Zucchinicremesuppe

Anstatt des Spargels werden 300 g Zucchini verwendet.

Lauchcremesuppe

Anstatt 1/2 Stange werden hier ca. 500 g Lauch mitgekocht, und der Spargel entfällt.

Gurkencremesuppe

Anstatt des Spargels werden 2 geschälte und entkernte Salatgurken verwendet. Die Suppe dann mit Dill verfeinern.

KRÄUTER-REISSUPPE

1 Schalotte
1/2 Stange Porree (50 g)
50 g Butterschmalz
1 l Instant-Fleischbrühe
1/2 l Instant-Gemüsebrühe
125 g Langkornreis
250 g gemischtes Hackfleisch
1 EL Olivenöl
Salz
Pfeffer aus der Mühle
Paprikapulver
1 TL Senf
1 EL Kapern
3 EL gehackte, gemischte Kräuter (Schnittlauch, Petersilie, Basilikum, Thymian)

1. Die Schalotte schälen und fein würfeln, den Porree waschen, in feine Ringe schneiden und beides in Butterschmalz 5 Minuten andünsten.
2. Mit der Brühe ablöschen, den Reis dazugeben und das Ganze ca. 20 Minuten köcheln lassen.
3. In der Zwischenzeit das Hackfleisch im Öl anbraten und dabei etwas zerbröseln. Mit Salz, Pfeffer, Paprikapulver und dem Senf kräftig abschmecken und unter die Suppe heben.
4. Die Kapern und die Kräuter dazugeben, kurz erwärmen und servieren.

Pro Portion
ca. 4.106 kJ/977 kcal
Vorbereitungszeit: 10 Min.
Zubereitungszeit: 25 Min.

FARMEREINTOPF

500 g Kartoffeln
1 Paket Tk-Gemüse (450 g)
1 l Instant-Gemüsebrühe
250 g gemischtes Hackfleisch
1 Ei
Salz
Pfeffer aus der Mühle
1 TL Senf
1 Dose Maiskörner (225 g Einwaage)
1 EL gehackter Oregano

1. Die Kartoffeln waschen, schälen und in dicke Stifte schneiden. Zusammen mit dem Tk-Gemüse in einen Topf geben. Die Brühe dazugießen und das Ganze ca. 20 Minuten köcheln lassen.
2. Das Hackfleisch mit dem Ei, den Gewürzen und dem Senf vermengen.
3. Die Maiskörner auf ein Sieb geben, abtropfen lassen und zum Hackfleisch geben. Aus dem Fleischteig kleine Klöße formen und diese 10 Minuten vor Ende der Garzeit in die Suppe geben.
4. Nochmals abschmecken und mit Oregano bestreut servieren.

Pro Portion
ca. 4.330 kJ/1.031 kcal
Vorbereitungszeit: 15 Min.
Zubereitungszeit: 25 Min.

STECKRÜBENTOPF

1 Zwiebel
1 Schweinepfote (ca. 500 g)
1/2 l Instant-Gemüsebrühe
2 TL grobes Salz
1 TL Pimentkörner
1 TL Kümmelkörner
1 Lorbeerblatt
600 g Kartoffeln
1 kg Steckrüben
2 Stangen Porree (ca. 200 g)
250 g gemischtes Hackfleisch
50 g Butterschmalz
Salz
Pfeffer aus der Mühle
frisch geriebener Muskat
2 EL gehackter Majoran

1. Die Zwiebel schälen und grob zerkleinern. Die Schweinepfote waschen und zersägen (Abb. 1). Mit 1/2 l Wasser, der Gemüsebrühe, dem groben Salz, den Pimentkörnern, den Kümmelkörnern, dem Lorbeerblatt und der Zwiebel ca. 1 1/2 Stunden köcheln lassen (Abb. 2).
2. Die Kartoffeln waschen, schälen und würfeln. Das Gemüse putzen, waschen und ebenfalls in Würfel schneiden. Beides 30 Minuten vor Ende der Garzeit dazugeben.
3. Das Hackfleisch im Butterschmalz anbraten und dabei mit einer Gabel zerbröseln (Abb. 3). Mit Salz, Pfeffer und Muskat kräftig abschmecken. Warm stellen.
4. Die Fleischstücke mit einer Schaumkelle herausheben (Abb. 4). Das Fleisch mit der Schwarte vom Knochen entfernen (Abb. 5), kleinschneiden und zusammen mit dem Hackfleisch zum Eintopf geben (Abb. 6).
5. Das Gericht mit dem Majoran verfeinern und servieren.

Pro Portion
ca. 3.436 kJ/818 kcal
Vorbereitungszeit: 25 Min.
Zubereitungszeit: 1 1/2 Std.

Tip

Steckrüben, auch Bodenkohlraben genannt, werden vom Herbst bis zum Frühjahr frisch angeboten. Achten Sie beim Einkauf der Knollen darauf, daß sie schön fest und etwa so groß wie eine Männerfaust sind.

Abb. 1

Abb. 4

Abb. 2

Abb. 5

Abb. 3

Abb. 6

MECKLENBURGER GEMÜSEBOUILLON

1 Zwiebel
1 Bund Suppengrün (ca. 300 g)
1/2 Suppenhuhn (ca. 600 g)
2 Lorbeerblätter
5 Pimentkörner
einige schwarze Pfefferkörner
350 g gemischtes Gartengemüse der Saison
250 g Kartoffeln
250 g gemischtes Hackfleisch
1 Ei
Salz
Pfeffer aus der Mühle
1 geräuchertes Aalfilet (100 g)
2 EL gehackte Petersilie

1. Die Zwiebel schälen und in Würfel schneiden. Das Suppengrün putzen und grob zerkleinern.
2. Das Huhn waschen und trockentupfen.
3. Mit dem Suppengrün, der Zwiebel, den Lorbeerblättern, den Pimentkörnern und den Pfefferkörnern in reichlich Wasser aufkochen, abschäumen und ca. 1 1/2–2 Stunden köcheln lassen.
4. In der Zwischenzeit die Einlage vorbereiten. Dafür das Gemüse waschen, bei Bedarf schälen und in kleine Würfel schneiden. Die Kartoffeln waschen, schälen und ebenfalls in kleine Würfel schneiden.
5. Das Hackfleisch mit dem Ei vermengen, mit Salz und Pfeffer abschmecken und zu Klößchen formen.
6. Die Brühe durchsieben, die Kartoffeln und das Gemüse hineingeben und ca. 15–20 Minuten leise köcheln lassen. Etwa 10 Minuten vor Ende der Garzeit die Hackfleischklößchen dazugeben.
7. Das Aalfilet in feine Streifen schneiden und auf vorgewärmte Teller verteilen.
8. Die Bouillon darübergeben, mit Petersilie bestreuen und servieren.

Pro Portion
ca. 3.291 kJ/783 kcal
Vorbereitungszeit: 10 Min.
Zubereitungszeit: 2 1/2 Std.

KICHERERBSEN MIT LAMMHACKFLEISCH

3 Schalotten
1 EL Butterschmalz
250 g Lammhackfleisch
Salz
Pfeffer aus der Mühle
Knoblauchpulver
Paprikapulver
1/2 l Lammfond (Fertigprodukt)
500 g gekochte Kichererbsen aus der Dose
je 1/2 Bund Bohnenkraut, Kerbel und Majoran
1 EL Zitronensaft
1 Msp. Safran

1. Die Schalotten schälen und fein würfeln. Das Butterschmalz erhitzen und die Schalottenwürfel darin glasig dünsten.
2. Das Lammhackfleisch dazugeben und anbraten. Während des Anbratens mit einer Gabel zerbröseln. Mit den Gewürzen kräftig abschmecken und den Lammfond zugießen.
3. Die Kichererbsen mit der Dosenflüssigkeit zugeben. Die Kräuter waschen, trockenschütteln, feinhacken und einstreuen.
4. Alles zum Kochen bringen und ca. 5 Minuten sprudelnd kochen lassen.
5. Mit dem Zitronensaft abschmecken und mit dem Safran verfeinern. Sofort servieren.

Pro Portion
ca. 3.679 kJ/876 kcal
Vorbereitungszeit: 10 Min.
Zubereitungszeit: 25 Min.

HAUSGEMACHTE TOMATENSUPPE

750 g Tomaten
1 rote Zwiebel
1 Knoblauchzehe
1 EL Olivenöl
1/2 l Instant-Gemüsebrühe
Salz
Pfeffer aus der Mühle
Paprikapulver
250 g Rinderhackfleisch
1 Ei
je 2 EL gehackte, gemischte Kräuter (Basilikum, Thymian, Salbei, Rosmarin)
4 EL Crème fraîche

1. Die Tomaten waschen, kreuzweise einritzen (Abb. 1), überbrühen (Abb. 2), enthäuten (Abb. 3) und vierteln (Abb. 4).
2. Die Zwiebeln und die Knoblauchzehe schälen und in feine Würfel schneiden (Abb. 5). Beides im Öl anbraten (Abb. 6).
3. Die Tomatenviertel dazugeben (Abb. 7), 6–8 Minuten dünsten und mit der Brühe ablöschen (Abb. 8). Nochmals ca. 5 Minuten köcheln lassen. Dann alles mit einer Gabel grob zerkleinern (Abb. 9). Mit Salz, Pfeffer und Paprika herzhaft würzen.
4. Das Hackfleisch mit dem Ei vermengen (Abb. 10) und mit Salz und Pfeffer abschmecken. Mit den Kräutern verfeinern und zu Klößchen formen (Abb. 11). Diese in die Suppe geben (Abb. 12) und ca. 10 Minuten garziehen lassen.
5. Die Suppe auf 4 Teller verteilen, vor dem Servieren mit je 1 EL Crème fraîche garnieren.

Pro Portion
ca. 2.958 kJ/704 kcal
Vorbereitungszeit: 15 Min.
Zubereitungszeit: 30 Min.

Abb. 1

Abb. 2

Abb. 3

Abb. 4

Abb. 5

Abb. 6

Abb. 7

Abb. 8

Abb. 9

Abb. 10

Abb. 11

Abb. 12

BUNTER FRÜHLINGSTOPF

500 g Kartoffeln
1 Paket Tk-Balkan-gemüse (300 g)
1 l Instant-Gemüsebrühe
Salz
Pfeffer aus der Mühle
1/2 TL Rosen-paprikapulver
250 g gemischtes Hackfleisch
1 Ei
Salz
Pfeffer
Knoblauchpulver
Zwiebelpulver
1 TL süßer Senf
50 g Schafskäse

1. Die Kartoffeln waschen, schälen und in kleine Würfel schneiden.
2. Das Balkangemüse zusammen mit den Kartoffeln in der Brühe ca. 20 Minuten kochen lassen. Mit Salz, Pfeffer und Rosenpaprika feurig abschmecken.
3. Aus Hackfleisch, Ei, Gewürzen und dem Senf einen Teig kneten. Den Schafskäse in kleine Würfel schneiden. Das Hackfleisch zu Bällchen formen und mit dem Schafskäse füllen.
4. Die Bällchen in der Suppe 10 Minuten gar ziehen lassen und den Frühlingstopf servieren.

Pro Portion
ca. 4.089 kJ/973 kcal
Vorbereitungszeit: 15 Min.
Zubereitungszeit: 35 Min.

KARTOFFELSUPPE MIT SPECKKLÖSSCHEN

500 g Kartoffeln
1 Möhre
1 kleines Stück Knollensellerie (50 g)
3/4 l Instant-Gemüsebrühe
Salz
Pfeffer aus der Mühle
1 Zweig Rosmarin
100 g durchwachsener Speck
250 g gemischtes Hackfleisch
1 Ei
2 EL gehackte Petersilie

1. Die Kartoffeln waschen, schälen und in feine Würfel schneiden.
2. Die Möhre und den Sellerie putzen, waschen, schälen und ebenfalls in Würfel schneiden.
3. Das Gemüse mit der Brühe zum Kochen bringen. Die Gewürze und den Rosmarin zugeben. Alles ca. 20 Minuten köcheln lassen.
4. Den Speck in Streifen schneiden und in einer Pfanne auslassen. Dann herausnehmen und das Bratfett beiseite stellen.
5. Das Hackfleisch mit den Speckstreifen, dem Ei, Salz und Pfeffer sowie der Petersilie vermengen und zu Klößchen formen. Die Speckklößchen im Bratfett von allen Seiten kräftig braten.
6. Zusammen mit der Kartoffelsuppe servieren.

Pro Portion
ca. 3.751 kJ/893 kcal
Vorbereitungszeit: 15 Min.
Zubereitungszeit: 25 Min.

KLASSISCHE PASTETEN

In früheren Zeiten waren Pasteten ein Arme-Leute-Essen. Erst als die Gewürze für jedermann erschwinglich wurden, entwickelte sich aus diesem bloßen Sattmacher eine Delikatesse. Man unterscheidet zwischen Pasteten, die von einer schmackhaften Teighülle umgeben sind, und solchen, die als Terrine in einer feuerfesten Schüssel zubereitet werden.

SHERRY-KLÖSSCHEN IN BLÄTTERTEIG

8 Scheiben Tk-Blätterteig
1 Eigelb
1 TL Milch
375 g gemischtes Rinder- und Kalbshackfleisch
1 Ei
Salz
Pfeffer aus der Mühle
1/2 Bund Kerbel
1/4 l Kalbsfond (Fertigprodukt)
1 Becher Crème fraîche (200 g)
1 EL heller Saucenbinder
Saft von 1 Zitrone
2 cl Sherry

1. Blätterteigplatten auftauen. Jeweils 2 Platten mit Wasser bestreichen und übereinanderlegen. Auf ein kalt abgespültes Backblech setzen.

2. Mit einem spitzen Messer die oberste Teigplatte 1 cm vom Rand entfernt ringsherum einritzen und eventuell mit einem Muster verzieren.

3. Das Eigelb mit der Milch verquirlen und die Pasteten damit einstreichen. Im vorgeheizten Backofen bei 200° C ca. 15–20 Minuten backen.

4. In der Zwischenzeit das Hackfleisch mit dem Ei mischen und kräftig mit Salz und Pfeffer abschmecken. Den Kerbel waschen, trockenschütteln, feinhacken und zugeben. Aus dem Teig Bällchen formen und im heißen Fond ca. 10 Minuten gar ziehen lassen. Mit einer Schaumkelle herausnehmen.

5. Die Crème fraîche in die Brühe geben, aufkochen lassen und mit dem Saucenbinder andicken. Die Sauce mit Salz und Pfeffer würzen, mit Zitronensaft und Sherry abschmecken. Die Bällchen in der Sauce kurz erwärmen.

6. Die Pasteten aus dem Ofen nehmen und den Deckel ausschneiden. Mit den Sherry-Rahm-Klößchen füllen und warm servieren.

Pro Portion
ca. 6.418 kJ/1.528 kcal
Vorbereitungszeit: 10 Min.
Zubereitungszeit: 20 Min.

Wildhascheefüllung
Pro Portion
ca. 2.715 kJ/646 kcal

Salbei-Tomaten-Hackfleischfüllung
Pro Portion
ca. 3.291 kJ/783 kcal

Orientalische Füllung
Pro Portion
ca. 2.892 kJ/688 kcal

Wildhascheefüllung

Das gemischte Hackfleisch wird durch 375 g Wildfleisch ersetzt, das durch die feine Scheibe des Fleischwolfes gedreht wird. Das Hackfleisch in 2 EL Butterschmalz bröselig anbraten und mit Wildgewürz und Rotwein abschmecken. 1 kleine Dose Pfifferlinge (125 g Einwaage) abgießen, die Pilze dazugeben und erwärmen. Die Füllung in die Pasteten geben und servieren.

Salbei-Tomaten-Hackfleischfüllung

Das gemischte Hackfleisch in 2 EL Butterschmalz bröselig anbraten. Mit etwas Pizzagewürz abschmecken und mit 2 TL gehacktem Salbei und 2 in Würfel geschnittenen Tomaten verfeinern. Die Füllung in die Pasteten geben und servieren.

Orientalische Füllung

Dafür wird das gemischte Hackfleisch durch Lammhackfleisch ersetzt und dieses in 2 EL Butterschmalz bröselig angebraten. Mit Salz, Pfeffer, 1 TL Honig und 1 Msp. Safran abschmecken. 1 EL gehackte Pistazien und 3 feingewürfelte, getrocknete Feigen dazugeben.

KANINCHENTERRINE

750 g Hauskaninchenteile ohne Knochen
2 rote Zwiebeln
125 ml Rotwein
Salz
Pfeffer
Paprikapulver
1 EL gehackter Majoran
1 EL gehackter Thymian
1 rote Paprikaschote
500 g Brokkoli
3 Möhren
2 Eier
2 EL geröstete Pinienkerne
250 g gemischtes Hackfleisch
je 1 Zweig Thymian und Majoran

1. Das Fleisch waschen, trockentupfen und in eine große Schüssel legen.
2. Die Zwiebeln schälen, fein würfeln und mit Wein, Gewürzen und den Kräutern über das Fleisch geben. Etwa 12 Stunden marinieren lassen.
3. Die Paprikaschote putzen, waschen und halbieren. Die Kerne und die weiße Haut entfernen und die Schote in große Rauten schneiden. Die Brokkoli putzen, waschen und in Röschen teilen. Die Möhren schälen. Das gesamte Gemüse in Salzwasser ca. 10 Minuten bißfest garen.
4. Das Fleisch aus der Marinade nehmen und 2/3 davon durch die feine Scheibe des Fleischwolfes drehen. Die Paprikastückchen, die Eier, die Gewürze, etwas Marinierflüssigkeit, die Pinienkerne und das Hackfleisch gut untermischen.
5. Eine Terrine in Hasenform lagenweise mit der Fleischfarce, den Brokkoli, den Möhren und dem Kaninchenfleisch füllen. Den Abschluß sollte eine Lage Fleischfarce bilden, die mit den Kräuterzweigen garniert wird.
6. Die Form abdecken. Die Fettpfanne des Backofens mit Wasser füllen und die Terrine hineinsetzen. Bei 170° C ca. 1 Stunde garen.
7. Im Kühlschrank ca. 12 Stunden durchkühlen lassen und servieren.

Pro Portion
ca. 2.595 kJ/617 kcal
Vorbereitungszeit: 40 Min.
Zubereitungszeit: 1 Std.
(ohne Marinier- und Kühlzeit)

ARDENNEN-TERRINE

125 g grüne Bohnen
150 g rote Paprikaschote
Salz
1 Schweinefilet (350 g)
Schale von 1 unbehandelten Zitrone
2 rote Zwiebeln
2 Lorbeerblätter
5 Pimentkörner
2 TL grüner Pfeffer
Pfeffer aus der Mühle
1 EL Butterschmalz
500 g gemischtes Hackfleisch
1 Ei
2 cl Weinbrand
2 EL Pistazienkerne
125 g dünne Scheiben Frühstücksspeck
je 1 Zweig Thymian und Majoran

1. Das Gemüse putzen und waschen. Die Paprika in Rauten schneiden und mit den Bohnen in kochendem Salzwasser ca. 10 Minuten garen lassen. Dann beiseite stellen.
2. Das Schweinefleisch von den restlichen Häuten und Sehnen befreien. Die Zitronenschale heiß waschen, die Zwiebeln schälen und beides feinhacken. Die Gewürzzutaten in einem Mörser zerstoßen.
3. Das Schweinefilet salzen, pfeffern, im Butterschmalz 1 Minute lang von allen Seiten anbraten und herausnehmen.
4. Das Hackfleisch mit den Gewürzzutaten, dem Ei, dem Weinbrand und den Pistazienkernen mischen.
5. Eine geeignete Terrinenform mit dem Frühstücksspeck auslegen und mit der Hälfte des Gemüses bedecken. Dann das Filet auf das Gemüsebett legen. Die restlichen Bohnen und Paprikarauten sowie zuletzt die Hackfleischmasse einfüllen.
6. Mit Frühstücksspeck abdecken. Die Kräuterzweige waschen, trockenschütteln und obenauf legen. Die Terrine verschließen und in der mit Wasser gefüllten Fettpfanne des vorgeheizten Backofens bei 180° C ca. 1 Stunde garen.
7. Abkühlen lassen, die Terrine in der Form mit einem Gegenstand beschweren, damit sie kompakt wird, und 12 Stunden kühl stellen.

Pro Portion
ca. 3.483 kJ/829 kcal
Vorbereitungszeit: 20 Min.
Zubereitungszeit: 1 Std.
(ohne Kühlzeit)

WILDSCHWEIN-PASTETE

450 g Mehl
1 Würfel frische Hefe (40 g)
1/8 l lauwarme Milch
1/2 TL Zucker
1 1/2 TL Salz
1 EL Öl
1 Ei
750 g Wildschweinnacken ohne Knochen
2 EL Butterschmalz
1 Glas eingelegte Senffrüchte (270 g Einwaage)
1 Dose geschälte Tomaten (270 g Einwaage)
3 Schalotten
Salz
Pfeffer aus der Mühle
je 1 Zweig Rosmarin und Thymian
1/4 l Wildfond
1/4 l Sherry
9 Blatt Gelatine
Cumberlandsauce (Fertigprodukt)

Pro Portion
ca. 5.958 kJ/1.418 kcal
Vorbereitungszeit: 30 Min.
Zubereitungszeit 1 3/4 Std.

1. Das Mehl in eine Schüssel sieben (Abb. 1) und in die Mitte eine Vertiefung drücken.
2. Die Hefe in die Vertiefung bröckeln (Abb. 2) und mit etwas warmer Milch verrühren.
3. Nach und nach die restliche Milch zusammen mit dem Zucker, dem Salz, dem Öl und dem Ei zu einem Teig verkneten (Abb. 3). An einem warmen Ort zugedeckt ca. 20 Minuten gehen lassen.
4. In der Zwischenzeit den Wildschweinnacken durch die grobe Scheibe des Fleischwolfes drehen (Abb. 4) und in Butterschmalz kräftig anbraten.
5. Die Senffrüchte und die Tomaten abgießen, abtropfen lassen und fein würfeln (Abb. 5). Die Schalotten schälen und ebenfalls in kleine Würfel schneiden. Alles zusammen zu dem Fleisch geben und 5–8 Minuten mitbraten. Das Ganze kräftig mit Salz und Pfeffer abschmecken und warm stellen.
6. Den Hefeteig halbieren. Beide Hälften jeweils zu einem Kreis von gut 25 cm Durchmesser ausrollen (Abb. 6). Eine Teigplatte auf ein gefettetes Backblech legen (Abb. 7). Die Fleischfüllung darauf verteilen (Abb. 8), dabei rundherum einen Rand von 1 cm frei lassen. Mit den Kräuterzweigen garnieren . Die zweite Tortenplatte darüberlegen (Abb. 9). Die Ränder fest andrücken (Abb. 10), in die Mitte ein kleines Loch schneiden (Abb. 11) und nochmals 20 Minuten gehen lassen.
7. Die Pastete im vorgeheizten Backofen bei 200° C ca. 45 Minuten backen. Auskühlen lassen.
8. Den Wildfond mit Sherry erhitzen. Die Gelatine in kaltem Wasser einweichen, ausdrücken und in der heißen Flüssigkeit auflösen. Die flüssige Gelatine durch das kleine Loch eingießen (Abb. 12) und erstarren lassen. Die Pastete mit etwas Cumberlandsauce servieren.

Abb. 1

Abb. 2

Abb. 3

Abb. 4

Abb. 5

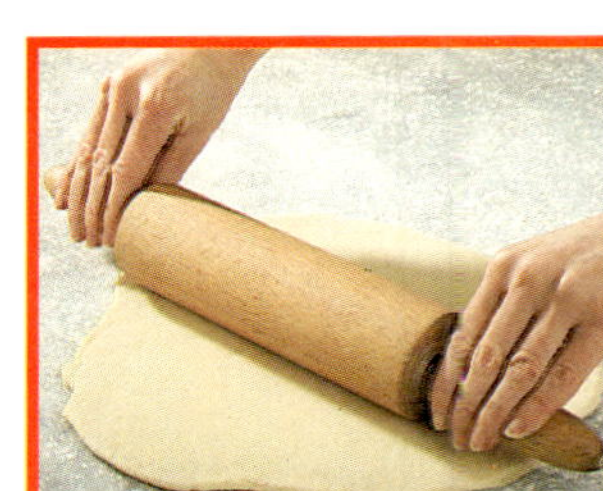
Abb. 6

Abb. 7

Abb. 8

Abb. 9

Abb. 10

Abb. 11

Abb. 12

WARME KALBFLEISCHTERRINE

1 1/2 kg Kalbfleisch
500 g Schweinenacken
2 Schalotten
1 Ei
Salz
Pfeffer aus der Mühle
1/4 l Kalbsfond (Fertigprodukt)
2 EL gehackter Estragon
12 Scheiben fetter, ungeräucherter Speck
200 g Kasseleraufschnitt
15 schwarze Oliven
2 cl Cognac
1/2 Stange Meerrettich (ca. 60 g)
1 Bund Kerbel
2 Becher Crème double (250 g)
Salz
Saft von 1/2 Zitrone

1. Das Kalbfleisch und den Schweinenacken würfeln. Die Schalotten schälen und in Stücke schneiden (Abb 1). Alles zusammen durch die grobe Scheibe des Fleischwolfes drehen (Abb. 2).
2. Das Ei dazugeben und das Ganze kräftig mit Salz und Pfeffer würzen. Den Kalbsfond und den Estragon unterziehen.
3. Eine Terrinenform mit den Speckscheiben so auslegen, daß sie über den Rand stehen (Abb. 3). Etwas Fleischfarce einfüllen.
4. Den Kasseleraufschnitt auf einer Arbeitsfläche ausbreiten. Die Oliven darauf verteilen und den Aufschnitt einrollen (Abb. 4).
5. Die Röllchen auf die Fleischfarce legen und mit dem restlichen Fleischteig abdecken (Abb. 5). Die Oberfläche glattstreichen und mit Cognac beträufeln. Die überstehenden Speckscheiben zusammenklappen und die Form zudecken. Die Fettpfanne des Backofens mit Wasser füllen, die Terrine einsetzen und bei 180–200° C ca. 2 Stunden pochieren, d. h., das Wasser darf nicht kochen.
6. Für die Sauce den Meerrettich waschen, schälen und fein reiben (Abb. 6). Den Kerbel waschen, trockenschleudern und fein hacken. Mit der Crème double zum Meerrettich geben und das Ganze mit Salz und dem Zitronensaft abschmecken. Die Terrine nach Ende der Garzeit noch ca. 10 Minuten im ausgeschalteten Backofen ruhen lassen, dann in Scheiben schneiden und warm mit der Sauce servieren.

Pro Portion
ca. 5.389 kJ/1.283 kcal
Vorbereitungszeit: 20 Min.
Zubereitungszeit: 2 Std.

Abb. 1

Abb. 2

Abb. 3

Abb. 4

Abb. 5

Abb. 6

CHAMPIGNON-TERRINE

4 große Sauerampferblätter
4 Möhren (ca. 250 g)
Salz
1 Schalotte
1 EL Butterschmalz
500 g gemischtes Hackfleisch
400 g Champignons 1. Wahl aus der Dose
Pfeffer aus der Mühle
1 Becher saure Sahne (200 g)
1 Ei
3 Eigelb

1. Den Sauerampfer waschen und trockentupfen. Die Möhren schälen und in kochendem Salzwasser ca. 15 Minuten garen.
2. Inzwischen die Schalotten schälen, würfeln und in Butterschmalz glasig dünsten. Das Hackfleisch dazugeben, anbraten und dabei etwas zerbröseln. Die Champignons auf ein Sieb geben und abtropfen lassen. Dazugeben und 5–8 Minuten dünsten.
3. Das Ganze kräftig mit Salz und Pfeffer abschmecken und mit der Sahne, dem Ei und den Eigelben verkneten.
4. Eine geeignete Form mit Alufolie auslegen und die Hälfte der Fleischmasse einfüllen. Die Möhren aus dem Wasser nehmen, jede einzeln in ein Sauerampferblatt einwickeln, in die Terrine legen und mit der restlichen Fleischmasse bedecken.
5. Die Terrine mit Alufolie abdecken und im vorgeheizten Backofen bei 175° C ca. 1 Stunde garen. Warm oder kalt servieren.

Pro Portion
ca. 2.305 kJ/548 kcal
Vorbereitungszeit: 30 Min.
Zubereitungszeit: 1 Std.

FEINE KRÄUTER-PASTETE

400 g Mehl
200 g Schweineschmalz
1 TL Salz
500 g gemischtes Hackfleisch
2 Eier
2 EL frisches Paniermehl
Salz
Pfeffer
Paprikapulver
500 g geräucherter Kasselerbraten
je 1 Bund Majoran, Kerbel, Schnittlauch
Mehl zum Bestäuben
2 EL Butterschmalz
1 Eigelb

1. Aus dem Mehl, dem Schweineschmalz, dem Salz und ca. 1/8 l Wasser einen Teig kneten. Abdecken und für ca. 30 Minuten in den Kühlschrank stellen.
2. Das Hackfleisch mit den Eiern, dem Paniermehl und den Gewürzen vermengen.
3. Den Kasselerbraten so zurechtschneiden, daß er in die ausgewählte Pastetenform paßt.
4. Die Kräuter waschen, trockenschleudern und feinhacken.
5. Etwa 1/4 des Pastetenteigs beiseite stellen. Den Rest auf einer bemehlten Arbeitsfläche zu einem Rechteck ausrollen. Die Pastetenform mit dem Butterschmalz einfetten und mit dem Teig auslegen. Die Hälfte der Fleischfarce hineingeben. Mit der Hälfte der Kräuter bedecken und das Kasseler hineinlegen. Mit den Kräutern abdecken, dann wieder die Fleischfarce daraufgeben.
6. Den restlichen Teig so ausrollen, daß er als Deckel verwendet werden kann. Auf die Pastete legen und fest andrücken. In die Mitte zwei Löcher schneiden, damit der Dampf entweichen kann. Aus Alufolie zwei kleine „Kaminröhrchen" formen, damit die Pastetenoberfläche beim Dampfabzug nicht feucht wird.
7. Die Pastete mit dem Eigelb bestreichen und im vorgeheizten Backofen bei 200° C ca. 1 Stunde backen. Warm oder kalt servieren.

Pro Portion
ca. 6.565 kJ/1.563 kcal
Vorbereitungszeit: 45 Min.
Zubereitungszeit: 1 Std.

GROSSE UND KLEINE BRATEN

Außen schön braun und knusprig – innen saftig, so sind sie richtig, die Lieblingskinder der deutschen Küche. Große und kleine Braten, deftig oder fein zubereitet – zum Sattessen, aber mehr als nur Sattmacher!

KLASSISCHER HACKBRATEN

1 altbackenes Brötchen
3 Schalotten
2 Eier
600 g gemischtes Hackfleisch
1 TL Senf
Salz
Pfeffer aus der Mühle
Paprikapulver
2 EL Butterschmalz

1. Das Brötchen einweichen.
2. Die Schalotten schälen und in feine Würfel schneiden. Zusammen mit den Eiern und dem ausgedrückten Brötchen unter das Hackfleisch mischen und das Ganze gut verkneten.
3. Den Fleischteig mit Senf, Salz, Pfeffer und Paprika herzhaft abschmecken.
4. Die Masse in eine mit Butterschmalz gefettete Form füllen und im vorgeheizten Backofen bei 200° C ca. 90 Minuten braten.

Pro Portion
ca. 2.294 kJ/546 kcal
Vorbereitungszeit: 15 Min.
Zubereitungszeit: 90 Min.

Bauernhackbraten

Zu den Zutaten des Grundrezepts kommen 100 g Austernpilze, 50 g Maiskörner, 100 g grüne Bohnen und 100 g gewürfelte Möhren hinzu. Das Gemüse vorher blanchieren.

Pro Portion
ca. 2.469 kJ/588 kcal

Französischer Hackbraten

Zu den Zutaten des Grundrezepts kommt eine Tk-Gemüsemischung hinzu. Abgeschmeckt wird mit Dijonsenf und Kräutern der Provence.

Pro Portion
ca. 2.723 kJ/648 kcal

Italienischer Hackbraten

Zu den Zutaten des Grundrezepts kommen 250 g Tomatenstückchen, 5 gehackte Basilikumblätter, 50 g in Streifen geschnittener Parmaschinken und 50 g Mozzarellakäse hinzu.

Pro Portion
ca. 2.709 kJ/645 kcal

PFEFFERKNÖDEL MIT SENFCREME

1,2 kg mehlig kochende Kartoffeln
Salz
20 g Butter
Pfeffer aus der Mühle
frisch geriebener Muskat
1 TL Maisstärke
100 g Schweinehackfleisch
3 TL eingelegte, grüne Pfefferkörner
3 TL süßer Senf
1 EL Cognac
125 g geschlagene süße Sahne
2 EL Mayonnaise

1. 400 g Kartoffeln schälen und in Salzwasser gar kochen. Abgießen und durch eine Kartoffelpresse drücken. Die Butter unterziehen und gut mit Salz, Pfeffer und Muskat abschmecken.
2. Die restlichen Kartoffeln gut waschen, abbürsten, aber nicht schälen und roh reiben. Die Masse in ein Küchentuch einschlagen und fest ausdrücken.
3. Die geriebenen Kartoffeln salzen. Den warmen Kartoffelbrei und die Maisstärke dazugeben und gut mischen. Vor der Weiterverarbeitung 5–7 Minuten ruhen lassen.
4. In der Zwischenzeit das Hackfleisch mit 2 TL Pfefferkörnern verrühren.
5. Den Kartoffelteig zu Klößen formen und jeweils 1 TL der Hackfleischmasse in die Mitte drükken. Die Knödel in Salzwasser ca. 20 Minuten ziehen lassen.
6. Die restlichen Pfefferkörner mit dem Senf, dem Cognac, der Sahne und der Mayonnaise zu einer Creme verrühren. Mit Salz und Pfeffer abschmecken und zu den Knödeln servieren.

Pro Portion
ca. 1.984 kJ/472 kcal
Vorbereitungszeit: 25 Min.
Zubereitungszeit: 20 Min.

GEFÜLLTE BIERHAXE

1 Schweinshaxe mit Schwarte (ca. 1 kg)
1 altbackenes Brötchen
2 Zwiebeln
1 Knoblauchzehe
300 g gemischtes Hackfleisch
Salz
Pfeffer aus der Mühle
Kümmelkörner
0,2 l Weißbier
2 Bund Majoran
1 EL Butterschmalz

1. Den Knochen aus der Haxe lösen. Das Fleisch waschen und trockentupfen.
2. Das Brötchen einweichen.
3. Die Zwiebeln und den Knoblauch schälen, fein würfeln und mit dem ausgedrückten Brötchen unter das Hackfleisch heben. Kräftig mit Salz, Pfeffer und Kümmel abschmecken und mit etwas Bier aromatisieren. Das Ganze gut durchkneten.
4. Den Majoran waschen, trockenschleudern, grob hacken und in die Haxe füllen.
5. Die Hackfleischmasse dazugeben und die Haxe mit Küchengarn zunähen.
6. Die Schwarte karreeförmig einschneiden, mit Butterschmalz bestreichen und die Haxe im vorgeheizten Backofen in der Fettpfanne auf der untersten Schiene bei 200° C ca. 2 Stunden braten.
7. Von Zeit zu Zeit mit Bier begießen, damit die Schwarte schön kroß wird.
8. Herausnehmen, das Garn entfernen, die Haxe aufschneiden und servieren.

Pro Portion
ca. 3.082 kJ/734 kcal
Vorbereitungszeit: 15 Min.
Zubereitungszeit: 2 Std.

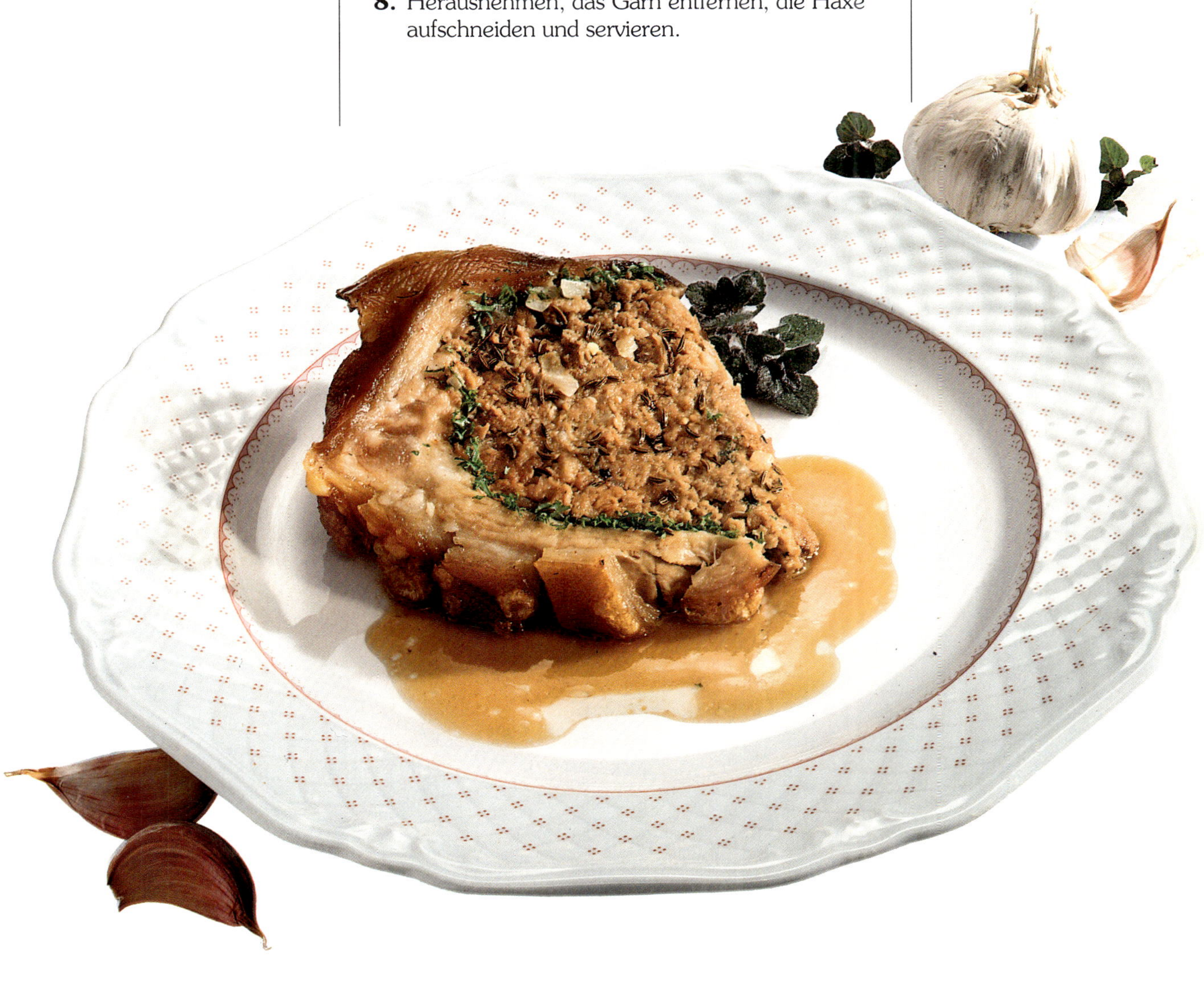

PFÄLZER SAUMAGEN

1 bratfertiger Schweinemagen
300 g Kartoffeln
2 Zwiebeln
800 g Schweinehackfleisch
1 Bund Petersilie
1/2 Bund Majoran
3 Eier
Salz
Pfeffer aus der Mühle
Korianderpulver
1 Bund Suppengrün
2 EL Butterschmalz

Pro Portion
ca. 2.993 kJ/712 kcal
Vorbereitungszeit: 25 Min.
Zubereitungszeit: 2 3/4 Std.

1. Den Schweinemagen gründlich waschen (Abb. 1), trockentupfen und die kleinen Öffnungen fest mit Küchengarn zusammenbinden (Abb. 2).
2. Die Kartoffeln waschen, schälen und fein würfeln (Abb. 3). Die Zwiebeln schälen und ebenfalls würfeln. Beides mit dem Hackfleisch mischen.
3. Die Kräuter waschen, trockenschleudern und grob hacken (Abb. 4). Mit den Eiern unter das Hackfleisch mischen (Abb. 5) und das Ganze gut verkneten (Abb. 6).
4. Den Teig kräftig mit Salz, Pfeffer und Koriander abschmecken (Abb. 7) und nicht zu prall in den Magen füllen (Abb. 8). Gut mit Küchengarn zubinden (Abb. 9).
5. Das Suppengrün putzen, waschen, grob zerkleinern und in einem ausreichend großen Topf mit wenig Salzwasser aufkochen lassen. Den Saumagen einlegen (Abb. 10) und bei milder Hitze ca. 2 1/2 Stunden köcheln lassen. Nicht sprudelnd kochen, sonst platzt er!
6. Den Magen herausnehmen, abtropfen lassen und in Scheiben schneiden (Abb. 11).
7. Die Scheiben von beiden Seiten in Butterschmalz anbraten (Abb. 12) und servieren.

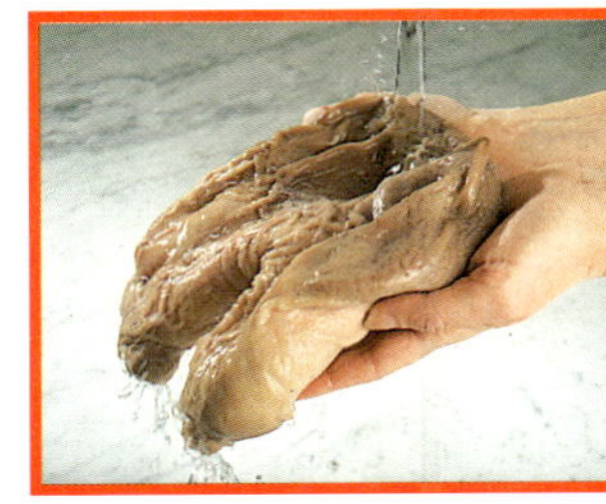
Abb. 1

Abb. 2

Abb. 3

Abb. 4

Abb. 5

Abb. 6

Abb. 7

Abb. 8

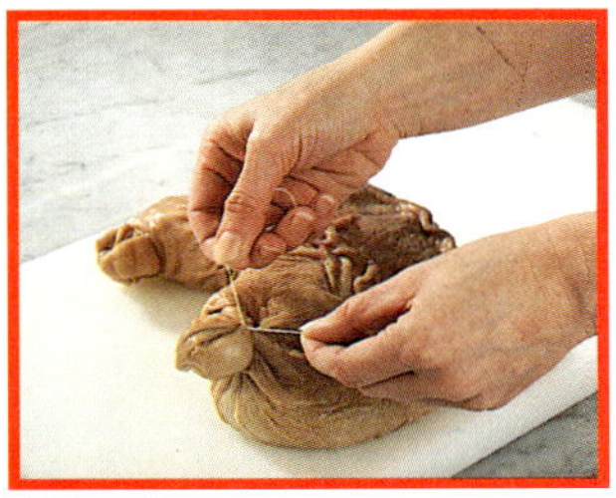
Abb. 9

Abb. 10

Abb. 11

Abb. 12

RINDERFILET „SUZIE WONG"

500 g dickes Rinderfilet am Stück
Salz
Pfeffer aus der Mühle
100 g Bambussprossen aus der Dose
2 grüne Paprikaschoten
2 gelbe Paprikaschoten
1 EL Sesamöl
1 Dose Mandarin-Orangen (250 g Einwaage)
250 g Schweinehackfleisch
2 Eier
1 EL süße Sojasauce
3 EL Olivenöl
2 cl Reiswein
100 g süße Sahne

1. Das Rinderfilet waschen und trockentupfen. Von allen Seiten kräftig mit Salz und Pfeffer einreiben.
2. Die Bambussprossen abgießen und abtropfen lassen. Die Paprikaschoten halbieren, entkernen, waschen und in dünne Streifen schneiden.
3. Das Gemüse im Sesamöl anschwitzen. Die Mandarin-Orangen abgießen und den Saft dabei auffangen. Das Obst zum Gemüse geben und alles erwärmen.
4. Das Hackfleisch mit dem Gemüse und den Eiern mischen. Mit Salz, Pfeffer und der Sojasauce abschmecken.
5. Das Rinderfilet längs aufschneiden, aufklappen, die Masse auf das Fleisch streichen, wieder zusammenklappen und mit Zahnstochern zustecken.
6. Das Filet im Olivenöl von allen Seiten kräftig anbraten. Mit dem Reiswein ablöschen und 25–35 Minuten schmoren.
7. Das Filet herausnehmen und warm stellen. Den Bratensatz mit etwas Mandarinensaft ablöschen, mit der Sahne einkochen lassen und abschmecken. Als Sauce zu dem Filet reichen.

Pro Portion
ca. 2.471 kJ/588 kcal
Vorbereitungszeit: 15 Min.
Zubereitungszeit: 50 Min.

PUTENKEULE AUF NORMANNISCHE ART

1 Putenkeule (1 kg ohne Knochen)
Salz
Pfeffer aus der Mühle
400 g gemischtes Hackfleisch
2 Eier
1 EL Paniermehl
1 Dose Kirschäpfel (280 g Einwaage)
50 g Butterschmalz
1 Bund Suppengrün
1/4 l Cidre (französischer Apfelwein)
4 EL süße Sahne
2 cl Calvados

1. Das Putenfleisch waschen, trockentupfen und mit Salz und Pfeffer einreiben.
2. Das Hackfleisch mit den Eiern und dem Paniermehl vermengen. Die Äpfel abgießen, abtropfen lassen, die Stiele entfernen und die Früchte unter die Hackfleischmischung heben. Mit Salz und Pfeffer kräftig abschmecken.
3. Das Putenfleisch auf einer Arbeitsfläche ausbreiten und mit der Hackfleischmasse bestreichen. Zusammenrollen und mit Küchengarn binden. Im Butterschmalz von allen Seiten kräftig anbraten.
4. Das Suppengrün putzen, waschen und grob zerkleinern. Zu dem Fleisch geben und 5 Minuten mit anbraten. Mit dem Cidre ablöschen und gut 1 Stunde schmoren lassen.
5. Herausnehmen, in Scheiben schneiden und warm stellen. Den Bratenfond durchseihen, mit der Sahne und dem Calvados verfeinern, mit Salz und Pfeffer abschmecken und als Sauce zur Keule reichen.

Pro Portion
ca. 3.365 kJ/801 kcal
Vorbereitungszeit: 20 Min.
Zubereitungszeit: 1 Std.

GEFÜLLTE KALBSBRUST

1 kg küchenfertige Kalbsbrust (mit eingeschnittener Tasche, ohne Knochen)
1 altbackenes Brötchen
2 Eier
250 g gemischtes Hackfleisch
75 g Steinpilze aus der Dose
1 EL gehackter Estragon
Salz
Pfeffer aus der Mühle
1 TL Worcestersauce
frisch geriebener Muskat
1 kleine Honigmelone
1 rosa Grapefruit
1 Fenchelknolle (ca. 100 g)
2 EL Butterschmalz
1/8 l Weißwein
1/8 l Kalbsfond (Fertigprodukt)
2 EL Crème fraîche

1. Das Fleisch waschen und trockentupfen.
2. Das Brötchen einweichen.
3. Die Eier mit dem Hackfleisch mischen.
4. Die Steinpilze abgießen und abtropfen lassen. Zusammen mit 1/2 EL Estragon zum Hackfleisch geben. Das Ganze mit Salz und Pfeffer würzen und mit Worcestersauce und Muskat abschmecken.
5. Aus der Honigmelone das Fruchtfleisch lösen und würfeln. Die Grapefruit schälen und filetieren. Den Fenchel putzen, waschen und in feine Streifen schneiden. Das Brötchen ausdrücken und zerpflücken. Mit dem Obst und Gemüse zum Hackfleisch geben und das Ganze gut durchkneten.
6. Die Masse nicht zu prall in die Kalbsbrust füllen und diese mit Küchengarn zunähen. Das Fleisch mit Salz und Pfeffer einreiben, in einem Bräter im heißen Butterschmalz anbraten und im Backofen bei 200° C gut 1 1/2 Stunde garen. Nach 45 Minuten mit etwas Wein auffüllen.
7. Den Braten herausnehmen und beiseite stellen. Den Bratensatz mit dem restlichen Wein und dem Kalbsfond loskochen. Mit Crème fraîche und dem restlichen Estragon verfeinern.
8. Das Fleisch in Scheiben schneiden und mit der Sauce servieren.

Pro Portion
ca. 3.503 kJ/834 kcal
Vorbereitungszeit: 20 Min.
Zubereitungszeit: 1 1/2 Std.

KENTUCKY-HÄHNCHEN

12 getrocknete Aprikosen
3 EL Bourbon Whiskey
1 Hähnchen (ca. 750 g)
Salz
Pfeffer aus der Mühle
1/2 TL Curry
250 g gemischtes Hackfleisch
2 Eier
1/2 Bund Salbei
2 EL Sojaöl
1/8 l Weißwein
250 g Crème double
2 rosa Grapefruit
4 EL Hagebutten-marmelade

1. Die Aprikosen über Nacht in dem Whiskey einweichen.
2. Das Hähnchen waschen, trockentupfen und mit Salz, Pfeffer und dem Curry innen und außen einreiben.
3. Das Hackfleisch mit den Eiern mischen und mit Salz und Pfeffer abschmecken.
4. Den Salbei waschen, trockenschleudern und feinhacken.
5. Die Aprikosen mit der Flüssigkeit und dem Salbei unter das Hackfleisch ziehen. Die Masse in das Hähnchen füllen und die Öffnung zustecken.
6. Das Hähnchen in einem Bräter im heißen Öl anbraten und im vorgeheizten Backofen bei 180° C ca. 1 Stunde garen.
7. Anschließend das Geflügel herausnehmen und warm stellen. Den Bratensatz mit dem Wein loskochen. Crème double dazugeben und aufkochen. Mit Salz, Pfeffer und Curry abschmecken.
8. Die Grapefruits halbieren und den Saft auspressen. Den Saft mit der Marmelade mischen und in die Fruchthälften füllen. Die Grapefruits zusammen mit dem Hähnchen servieren.

Pro Portion
ca. 3.636 kJ/877 kcal
Vorbereitungszeit: 15 Min.
(ohne Einweichzeit)
Zubereitungszeit: 1 1/4 Std.

BÖHMISCHER ROLLBRATEN

250 g gemischtes Hackfleisch
Salz
Pfeffer aus der Mühle
Paprikapulver
1 Bund Petersilie
4 Schalotten
2 Äpfel
1 Stange Porree
Zimt
1 Msp. Nelkenpulver
Muskat
1 kg Schweinefleisch zum Rollen
2 EL Butterschmalz
1/8 l Instant-Fleischbrühe
1/8 l Weißwein
etwas Saucenbinder (Fertigprodukt)
200 g saure Sahne

1. Das Hackfleisch mit Salz, Pfeffer und Paprika kräftig abschmecken.
2. Die Petersilie waschen, trockenschleudern und feinhacken.
3. Die Schalotten und die Äpfel schälen und beides in feine Würfel schneiden. Den Porree in Ringe schneiden, gründlich waschen und trockenschleudern. Das Gemüse bzw. Obst mit dem Hackfleisch verkneten und mit Zimt, dem Nelkenpulver und Muskat verfeinern.
4. Das Fleisch waschen (Abb. 1), trockentupfen und auslegen (Abb. 2).
5. Die Hackfleischmasse gleichmäßig darauf verteilen (Abb. 3) und den Braten vorsichtig rollen (Abb. 4).
6. Mit Küchengarn umwickeln (Abb. 5) und kräftig mit Salz und Pfeffer einreiben.
7. Den Rollbraten in einem Bräter im heißen Fett anbraten (Abb. 6) und im vorgeheizten Backofen bei 200° C ca. 75 Minuten schmoren.
8. Das Fleisch herausnehmen und warm stellen. Den Bratensatz mit Brühe und Wein loskochen und mit etwas Saucenbinder andicken. Mit saurer Sahne verfeinern und abschmecken. Den Braten in Scheiben schneiden und auf der Sauce anrichten.

Pro Portion
ca. 5.402 kJ/1.286 kcal
Vorbereitungszeit: 20 Min.
Zubereitungszeit: 85 Min.

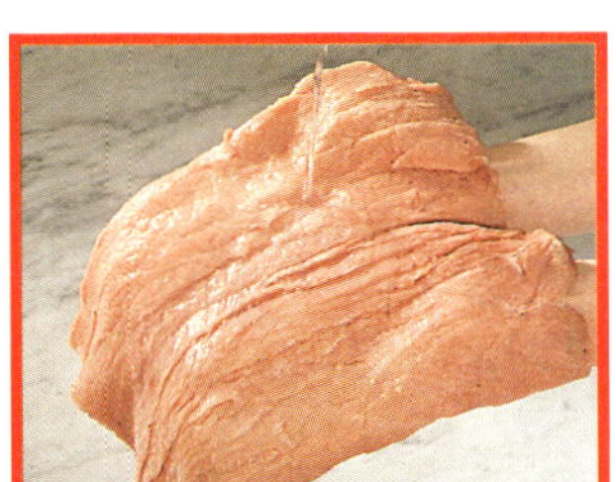
Abb. 1

Abb. 3

Abb. 5

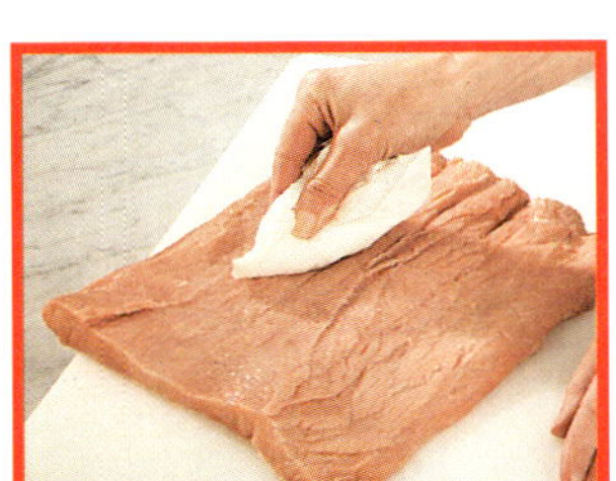
Abb. 2

Abb. 4

Abb. 6

HACKFLEISCHTORTE

200 g Mehl
3 Eier
Salz
100 g kalte Butter
2 Zwiebeln
500 g gemischtes Hackfleisch
Pfeffer aus der Mühle
Paprikapulver
150 g geriebener Käse

1. Das Mehl in eine Schüssel sieben und in die Mitte eine Vertiefung drücken. 1 Ei, das Salz und die Butter in die Mitte geben und alles rasch zu einem glatten Teig kneten.
2. Den Teig zu einer Kugel formen, mit Frischhaltefolie umwickeln und im Kühlschrank ca. 30 Minuten ruhen lassen.
3. Die Zwiebeln schälen, in Würfel schneiden und zusammen mit den restlichen Eiern unter das Hackfleisch ziehen. Mit Salz, Pfeffer und Paprikapulver abschmecken.
4. Den Teig in eine gefettete Springform drücken und dabei den Rand etwas hochziehen. Das Hackfleisch gleichmäßig darauf verteilen.
5. Im vorgeheizten Backofen bei 220° C ca. 1 Stunde backen. Etwa 15 Minuten vor Ende der Garzeit den Käse darüberstreuen.

Pro Portion
ca. 5.402 kJ/1.386 kcal
Vorbereitungszeit: 20 Min.
(ohne Kühlzeit)
Zubereitungszeit: 1 Std.

Hackfleisch-Mangold-Kuchen
Pro Portion
ca. 5.941 kJ/1.414 kcal

Tomaten-Auberginen-Hackfleischtorte
Pro Portion
ca. 5.535 kJ/1.318 kcal

Balkan-Hackfleischtorte
Pro Portion
ca. 5.901 kJ/1.405 kcal

Hackfleisch-Mangold-Kuchen

Zutaten und Zubereitung wie im Grundrezept beschrieben, aber das Hackfleisch zusätzlich mit 500 g blanchiertem Mangold und einer zerdrückten Knoblauchzehe vermischen.

Tomaten-Auberginen-Hackfleischtorte

Zutaten und Zubereitung wie im Grundrezept beschrieben, aber das Hackfleisch zusätzlich mit 4 gewürfelten Tomaten, einer halben, in Scheiben geschnittenen Aubergine und 1 EL gehacktem Basilikum vermischen.

Balkan-Hackfleischtorte

Zutaten und Zubereitung wie im Grundrezept beschrieben, aber das Hackfleisch zusätzlich mit 300 g blanchierter Tk-Gemüsemischung, 1 gewürfelten Peperoni und 50 g zerdrücktem Schafskäse vermischen.

GEFÜLLTE ENTE

1 küchenfertige
Ente (ca. 2 kg)
Salz
Pfeffer aus der Mühle
1 Ei
2 EL Paniermehl
250 g gemischtes
Hackfleisch
50 g Rosinen
1 kleine Dose
Mandarin-Orangen
(300 g Einwaage)
2 EL Butterschmalz
1/4 l Geflügelfond
(Fertigprodukt)
200 g süße Sahne
2 cl Cointreau
etwas Saucenbinder
(Fertigprodukt)
1 Msp. gemahlener
Ingwer

1. Die Ente waschen, trockentupfen und innen und außen mit Salz und Pfeffer einreiben.
2. Das Ei und das Paniermehl mit dem Hackfleisch mischen und mit Salz und Pfeffer abschmecken.
3. Die Rosinen in Wasser aufkochen. Die Mandarin-Orangen und die Rosinen abgießen und abtropfen lassen. Den Mandarinensaft dabei auffangen.
4. Beides unter das Hackfleisch heben.
5. Die Masse in die Ente füllen und die Öffnungen zunähen.
6. Das Geflügel in einem Bräter im heißen Fett anbraten und im vorgeheizten Backofen bei 200° C ca. 15 Minuten weiterbräunen.
7. Die Hälfte des Geflügelfonds angießen und etwas 90–100 Minuten braten.
8. Danach die Ente herausnehmen und warm stellen. Den Bratensatz mit dem restlichen Geflügelfond loskochen. Die Sahne und den Cointreau zugeben und aufkochen. Mit etwas Saucenbinder andicken und mit Salz, Pfeffer und dem Ingwer abschmecken.
9. Die Sauce getrennt zu der Ente servieren.

Pro Portion
ca. 5.618 kJ/1.337 kcal
Vorbereitungszeit: 20 Min.
Zubereitungszeit: 2 Std.

SALBEIHACKSTEAKS VOM GRILL

500 g Rinderhackfleisch
Salz
Pfeffer aus der Mühle
Paprikapulver
1 Ei
2 EL Paniermehl
2 TL Tomatenmark
2 Zwiebeln
1 Knoblauchzehe
2 Zweige Basilikum
4 große frische
Salbeiblätter
4 Scheiben
Parmaschinken

1. Das Hackfleisch mit Salz, Pfeffer und Paprika kräftig abschmecken.
2. Dann das Ei, das Paniermehl und das Tomatenmark dazugeben und alles gut verkneten.
3. Die Zwiebeln und die Knoblauchzehe schälen und fein würfeln. Das Basilikum waschen, trockenschleudern, in feine Streifen schneiden, mit den Zwiebeln und dem Knoblauch mischen und unter das Hackfleisch heben.
4. Den Salbei waschen, trockentupfen und beiseite stellen. Die Fleischmischung zu 4 gleich großen, flachen Klopsen formen. Das Salbeiblatt obenauf legen, die Hacksteaks mit Parmaschinken umwickeln und unter dem Grill von jeder Seite 5 Minuten braten.

Pro Portion
ca. 1.866 kJ/444 kcal
Vorbereitungszeit: 15 Min.
Zubereitungszeit: 10 Min.

SCHWEINEBAUCH MIT BACKOBSTFÜLLUNG

200 g gemischtes Trockenobst
1/8 l Weißwein
1 kg Schweinebauch mit Schwarte
Salz
Pfeffer aus der Mühle
300 g Rinderhackfleisch
1 Ei
1 TL süßer Senf
2 EL Butterschmalz
1/4 l Instant-Fleischbrühe
1/8 l Portwein
1/2 Bund Majoran
3–4 EL Crème fraîche
1 TL Kümmel

1. Das Trockenobst über Nacht in dem Weißwein einweichen.
2. Den Schweinebauch waschen, trockentupfen und eine Tasche einschneiden. Mit Salz und Pfeffer kräftig einreiben.
3. Das Rinderhackfleisch mit dem Ei und dem Senf mischen und mit Salz und Pfeffer mild abschmecken. Das Trockenobst unter das Hackfleisch heben.
4. Die Masse in den Schweinebauch füllen und die Öffnung mit Holzspießchen zustecken. Das Fleisch in einem Bräter im heißen Fett anbraten und im vorgeheizten Backofen bei 230° C ca. 75 Minuten braten. Ab und zu mit etwas Fleischbrühe begießen.
5. Anschließend den Braten herausnehmen, warm stellen und den Bratfond mit dem Portwein loskochen.
6. Den Majoran waschen, trockenschleudern und feinhacken. Die Sauce mit der Crème fraîche, dem Kümmel und dem Majoran verfeinern.
7. Den Schweinebauch in Scheiben schneiden und mit der Sauce servieren.

Pro Portion
ca. 6.500 kJ/1.547 kcal
Vorbereitungszeit: 15 Min.
(ohne Einweichzeit)
Zubereitungszeit: 85 Min.

BAYRISCHER VESPERBRATEN

3 Scheiben Toastbrot
1 rote Paprikaschote
1 Gemüsezwiebel
1/2 Rettich
1/2 Bund Thymian
2 Eier
2 cl dunkles Bockbier
1 EL Kümmel
600 g gemischtes Hackfleisch
Salz
Pfeffer aus der Mühle
1 EL Öl

1. Das Toastbrot entrinden und zerbröseln.
2. Die Paprikaschote putzen, halbieren, entkernen, waschen und in Würfel schneiden. Die Zwiebel schälen und ebenfalls würfeln. Den Rettich abbürsten und grob raspeln.
3. Den Thymian waschen, trockenschleudern und die Blättchen abzupfen.
4. Das Ganze zusammen mit den Eiern, dem Bier, 1/2 EL Kümmel und dem Hackfleisch mischen. Mit Salz und Pfeffer abschmecken und gut verkneten.
5. Die Hackfleischmasse in eine gefettete Kastenform füllen. Mit dem restlichen Kümmel bestreuen und im vorgeheizten Backofen bei 220° C ca. 50–60 Minuten backen.

Pro Portion
ca. 2.339 kJ/557 kcal
Vorbereitungszeit: 15 Min.
Zubereitungszeit: 1 Std.

GEFÜLLTER FASAN IN SALZKRUSTE

1 küchenfertiger Fasan
Salz
Pfeffer aus der Mühle
3 Frühlingszwiebeln
2 EL Butterschmalz
150 g gemischtes Hackfleisch
1 kleine Dose Maronen (125 g Einwaage)
1/2 Bund Majoran
1 EL Paniermehl
1 Ei
5 Eiweiß
2 kg grobes Salz
150 g helle Trauben
1/4 l Geflügelfond (Fertigprodukt)
3 EL süße Sahne
1 EL Weißwein
etwas Saucenbinder (Fertigprodukt)

Pro Portion
ca. 5.531 kJ/1.317 kcal
Vorbereitungszeit: 20 Min.
Zubereitungszeit: 1 Std.

1. Den Fasan waschen, trockentupfen und innen und außen mit Salz und Pfeffer einreiben.

2. Die Frühlingszwiebeln putzen, waschen und in Ringe schneiden (Abb. 1). In der Hälfte des Butterschmalzes anschwitzen. Das Hackfleisch zugeben, 5 Minuten anbraten und dabei etwas zerbröseln (Abb. 2).

3. Die Maronen auf ein Sieb geben, abtropfen lassen, grobhacken (Abb. 3) und unter das Hackfleisch heben.

4. Den Majoran abspülen, trockenschleudern und feinhacken. Mit dem Paniermehl und dem Ei verrühren und unter das Hackfleisch ziehen. Das Ganze mit Salz und Pfeffer abschmecken.

5. Den Fasan mit der Fleischmasse füllen (Abb. 4) und die Öffnung zustecken (Abb. 5).

6. In einem Bräter mit dem restlichen Butterschmalz im vorgeheizten Backofen bei 250° C 10–12 Minuten anbraten (Abb. 6).

7. Das Eiweiß mit dem groben Salz mischen (Abb. 7) und bereitstellen. Den Fasan aus dem Bräter nehmen. Die Salzmasse ca. 1 cm dick in der Größe des Fasans auf einem eingeölten Backblech verteilen (Abb. 8). Den Fasan daraufsetzen (Abb. 9) und mit der restlichen Salzmasse rundherum dick einpacken (Abb. 10). Im Backofen bei 200° C 40–45 Minuten backen.

8. In der Zwischenzeit die Trauben waschen, halbieren und entkernen (Abb. 11). Den Geflügelfond erhitzen, mit der süßen Sahne und dem Weißwein verfeinern und eventuell mit etwas Saucenbinder andicken. Die Traubenhälften darin 5–7 Minuten ziehen lassen.

9. Den Fasan aus dem Backofen nehmen, die Salzkruste abschlagen (Abb. 12) und das Geflügel mit der Sauce servieren.

Abb. 1

Abb. 2

Abb. 3

Abb. 4

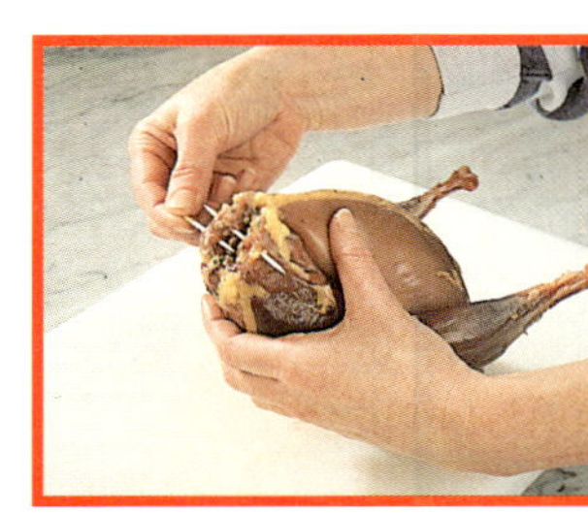
Abb. 5

Abb. 6

Abb. 7

Abb. 8

Abb. 9

Abb. 10

Abb. 11

Abb. 12

WILDSCHWEINRÜCKEN MIT FEIGEN

1 1/2 kg Wildschweinrücken ohne Knochen
Salz
Pfeffer aus der Mühle
2 Schalotten
1 EL Olivenöl
150 g gemischtes Hackfleisch
1 Msp. gemahlene Nelken
1 Msp. Orangenschalen-Aroma
2 cl Arrak
50 g getrocknete Feigen
50 g gehackte Haselnüsse
2 EL Butterschmalz
1/4 l Wildfond (Fertigprodukt)
2 EL Crème fraîche

1. Den Wildschweinrücken waschen, trockentupfen und eine große Tasche einschneiden. Mit Salz und Pfeffer kräftig innen und außen einreiben.
2. Die Schalotten schälen, würfeln und im Öl anschwitzen.
3. Das Hackfleisch zugeben, 5 Minuten anbraten und dabei etwas zerbröseln. Mit Salz und Pfeffer abschmecken und mit Nelkenpulver, Orangenschalen-Aroma und Arrak verfeinern.
4. Die Feigen in kleine Würfel schneiden und zusammen mit den Haselnußkernen unter das Hackfleisch heben.
5. Die Fleischmasse in den Wildschweinrücken füllen und die Öffnung zunähen.
6. Das Fleisch in einem Bräter im heißen Fett von allen Seiten kräftig anbraten.
7. 1/8 l Wildfond zugeben und den Braten im vorgeheizten Backofen bei 225° C ca. 2 Stunden schmoren lassen. Dann herausnehmen und warm stellen.
8. Den Bratensatz mit dem restlichen Wildfond loskochen und mit der Crème fraîche verfeinern.
9. Den Braten in Scheiben schneiden, auf vorgewärmten Tellern anrichten und die Sauce darübergießen.

Pro Portion
ca. 6.296 kJ/1.493 kcal
Vorbereitungszeit: 20 Min.
Zubereitungszeit: 2 1/2 Std.

Tip

Schon Kleopatra labte sich an diesen „sündig-süßen Paradiesfrüchten". Bei uns werden neben den getrockneten verstärkt auch frische Feigen angeboten. Ein Versuch lohnt sich, allerdings sollten die frischen Früchte nicht lange gelagert werden.

KRÄUTER-KALBSHAXE

1 1/2 kg Kalbshaxe (vom Metzger vorbereiten lassen)
250 g gemischtes Hackfleisch
1 Ei
2 EL Paniermehl
Salz
Pfeffer aus der Mühle
3 Knoblauchzehen
2 Schalotten
1 unbehandelte Zitrone
4 EL gehackte, gemischte Kräuter (Basilikum, Thymian, Estragon, Oregano, Majoran, Salbei)
2 EL Butterschmalz
1/4 l Weißwein
200 g Kräuter-Crème-Fraîche

1. Die Kalbshaxe vom Metzger auslösen und den Knochen in Stücke schneiden lassen. Das Fleisch waschen und trockentupfen.
2. Das Hackfleisch mit dem Ei und dem Paniermehl mischen. Mit Salz und Pfeffer abschmecken.
3. Den Knoblauch und die Schalotten schälen und in feine Würfel schneiden. Die Schale der Zitrone abreiben. Den Saft auspressen und für die Sauce bereitstellen.
4. Die Knoblauch- und die Schalottenwürfel, die Zitronenschale und 2 EL der Kräuter gut mit dem Hackfleisch verkneten.
5. Die Kalbshaxe auf einer Arbeitsfläche ausbreiten, mit der Füllung bestreichen, zusammenrollen und mit Küchengarn umwickeln. Die restlichen Kräuter auf das Fleisch streichen.
6. Die Haxe zusammen mit den Knochen in einem Bräter im heißen Fett anrösten und im vorgeheizten Backofen bei 200° C ca. 1 1/2 Stunden braten. Zwischendurch mit insgesamt 1/4 l Wasser immer wieder begießen.
7. Das Fleisch herausnehmen, das Küchengarn abnehmen und die Haxe warm stellen. Den Bratensatz durchseihen. Mit dem Wein mischen und etwas einkochen. Die Sauce mit der Kräuter-Crème-Fraîche verfeinern und zu dem Braten reichen.

Pro Portion
ca. 3.663 kJ/872 kcal
Vorbereitungszeit: 15 Min.
Zubereitungszeit: 1 1/2 Std.

WÜRZIGE GÄNSEBRUST

1 Gänsebrust ohne Knochen (750 g)
Salz
Pfeffer aus der Mühle
2 Scheiben Toastbrot
250 g gemischtes Hackfleisch
2 Eier
3 Äpfel
1 Zwiebel
250 g Sauerkraut
1/2 Bund Petersilie
1 Zweig Rosmarin
1 EL trockener Sherry
2 EL Butterschmalz
1/4 l Geflügelfond (Fertigprodukt)
1/4 l Weißwein
150 g saure Sahne

1. Die Gänsebrust waschen, trockentupfen und mit Salz und Pfeffer von allen Seiten kräftig einreiben.
2. Das Weißbrot toasten und fein würfeln (Abb. 1).
3. Das Hackfleisch mit den Eiern vermischen und die Brotwürfel unterziehen (Abb. 2).
4. Die Äpfel und die Zwiebel schälen und in Würfel schneiden. Das Sauerkraut abtropfen lassen und etwas zerpflücken (Abb. 3).
5. Die Kräuter waschen, trockenschleudern und abzupfen. Alles gut mit dem Hackfleisch (Abb. 4) verkneten und das Ganze mit Salz, Pfeffer und dem Sherry abschmecken.
6. Die Gänsebrust auf einer Arbeitsplatte ausbreiten, etwas flachklopfen, mit der Füllung bestreichen (Abb. 5), zusammenrollen und mit Küchengarn umwickeln (Abb. 6).
7. In einem Bräter im heißen Fett anrösten und im vorgeheizten Backofen bei 200° C ca. 45 Minuten braten. Zwischendurch mit etwas Geflügelfond begießen.
8. Herausnehmen, warm stellen und den Bratensatz mit dem restlichen Geflügelfond loskochen. Mit dem Weißwein und der sauren Sahne verfeinern, sämig einkochen, abschmecken und zum Fleisch servieren.

Pro Portion
ca. 5.150 kJ/1.226 kcal
Vorbereitungszeit: 20 Min.
Zubereitungszeit: 1 Std.

Abb. 1

Abb. 3

Abb. 5

Abb. 2

Abb. 4

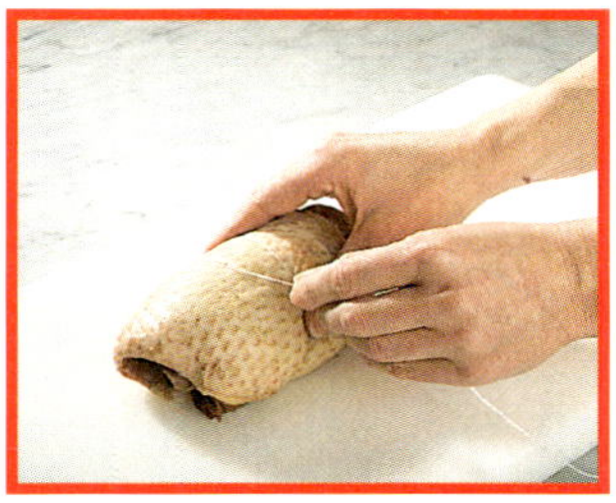
Abb. 6

RINDERROULADEN

4 dünne Rinderrouladen
Salz
Pfeffer aus der Mühle
1 EL Senf
200 g Schweine-hackfleisch
Paprikapulver
1 Zwiebel
1/2 Bund Majoran
1 EL Butterschmalz
1/8 l Instant-Fleischbrühe
1/8 l süße Sahne
etwas Saucenbinder

1. Die Rouladen auf einer Arbeitsfläche ausbreiten und abtupfen. Dann salzen, pfeffern und mit Senf bestreichen.
2. Das Hackfleisch mit Salz, Pfeffer und Paprika abschmecken.
3. Die Zwiebel schälen und fein würfeln. Den Majoran waschen, trockenschleudern, feinhacken und zusammen mit den Zwiebelwürfeln zum Hackfleisch geben. Alles gut miteinander mischen.
4. Die Hackfleischmasse auf den Rouladen verteilen, das Fleisch zusammenrollen und mit Küchengarn umwickeln.
5. In einem Bräter im heißen Butterschmalz von allen Seiten kräftig anbraten. Deckel auflegen und ca. 25 Minuten schmoren lassen. Dann die Rouladen herausnehmen und warm stellen.
6. Den Bratensatz mit der Fleischbrühe loskochen, die Sahne zugeben, die Sauce mit etwas Saucenbinder andicken und mit Salz, Pfeffer und Paprika abschmecken.
7. Die Rouladen auf vorgewärmte Teller verteilen und mit der Sauce begießen. Sofort servieren.

Pro Portion
ca. 2.058 kJ/490 kcal
Vorbereitungszeit: 15 Min.
Zubereitungszeit: 35 Min.

Schinken-Hackfleischfüllung
Pro Portion
ca. 2.364 kJ/563 kcal

Backpflaumen-Hackfleisch-füllung
Pro Portion
ca. 2.360 kJ/562 kcal

Möhren-Hackfleischfüllung
Pro Portion
ca. 2.100 kJ/500 kcal

Schinken-Hackfleischfüllung

Die Zubereitung erfolgt wie im Grundrezept beschrieben. Das Hackfleisch wird zusätzlich mit 100 g gewürfeltem Kochschinken und 2 in Würfel geschnittenen Gewürzgurken verfeinert.

Backpflaumen-Hackfleischfüllung

Die Zubereitung erfolgt wie im Grundrezept beschrieben. Das Hackfleisch wird zusätzlich mit 100 g eingeweichten und in Würfel geschnittenen Backpflaumen verfeinert.

Möhren-Hackfleischfüllung

Die Zubereitung erfolgt wie im Grundrezept beschrieben. Das Hackfleisch wird zusätzlich mit 1 TL Sahnemeerrettich und 100 g gewürfelten, blanchierten Möhren verfeinert.

KÖNIGSBERGER KLOPSE

500 g gemischtes Hackfleisch
1 Ei
Salz
Pfeffer aus der Mühle
4 EL Paniermehl
1 l Instant-Fleischbrühe
50 g Butter
60 g Mehl
50 g süße Sahne
2 EL Senf
3 EL Kapern
2 Gewürzgurken

1. Das Hackfleisch mit dem Ei mischen und mit Salz und Pfeffer abschmecken.
2. Das Paniermehl dazugeben und alles gut verkneten.
3. Die Fleischbrühe zum Kochen bringen. Die Fleischmischung zu kleinen Klößen formen und in der Brühe ca. 15 Minuten ziehen lassen.
4. Anschließend mit einer Schaumkelle herausnehmen und warm stellen. Die Brühe durchseihen.
5. Die Butter schmelzen lassen. Das Mehl einstreuen und anschwitzen. Mit der Brühe ablöschen und aufkochen. Mit der Sahne verfeinern und mit dem Senf und den Kapern abschmecken.
6. Die Gewürzgurken fein würfeln und unterziehen. Die Klöße wieder in die Sauce geben und zusammen mit Salzkartoffeln servieren.

Pro Portion
ca. 5.007 kJ/1.192 kcal
Vorbereitungszeit: 10 Min.
Zubereitungszeit: 30 Min.

LAMMRÖLLCHEN AUF SAFRANREIS

250 g Reis
Salz
2 Schalotten
1 Knoblauchzehe
1 Ei
2 EL Paniermehl
800 g Lammhackfleisch
Pfeffer aus der Mühle
Curry
2 EL Olivenöl
1 g Safran
20 g Butter
einige Minzeblätter

1. Den Reis in Salzwasser ca. 20 Minuten kochen.
2. Inzwischen die Schalotten und den Knoblauch schälen und in feine Würfel schneiden. Zusammen mit dem Ei und dem Paniermehl unter das Hackfleisch mischen und gut verkneten. Den Fleischteig herzhaft mit Salz, Pfeffer und Curry abschmecken.
3. Das Hackfleisch zu Röllchen formen und im Öl von allen Seiten 8–10 Minuten braten.
4. Den Reis abgießen, mit heißem Wasser abspülen und gut abtropfen lassen. Dann mit dem Safran in Butter schwenken und auf vorgewärmte Teller verteilen.
5. Die Röllchen obenauf setzen und das Ganze mit Minzeblättern garniert servieren.

Pro Portion
ca. 1.765 kJ/420 kcal
Vorbereitungszeit: 5 Min.
Zubereitungszeit: 25 Min.

ĆEVAPČIĆI AUF GEMÜSEMUS

Je 150 g Rinder-, Schweine- und Lammhackfleisch
1 Ei
Salz
Pfeffer aus der Mühle
1 Msp. Knoblauchpulver
2 Zwiebeln
1 Fenchelknolle
2 Möhren
1/2 Aubergine
1 Knoblauchzehe
2 EL Öl
1 Msp. gemahlene Lorbeerblätter
Korianderpulver

1. Das Hackfleisch mit dem Ei mischen und mit Salz, Pfeffer und Knoblauchpulver abschmecken.
2. Die Zwiebeln schälen, fein würfeln, unter das Hackfleisch mischen und gut durchkneten.
3. Die Masse zu fingerdicken Röllchen formen und im Kühlschrank unter Frischhaltefolie bereitstellen.
4. Die Fenchelknolle putzen, waschen und grob zerteilen. Die Möhren schälen und in Scheiben schneiden. Die Aubergine ebenfalls in Scheiben schneiden. Den Knoblauch schälen und fein würfeln.
5. Das Gemüse in der Hälfte des Öls 10–15 Minuten dünsten. Dabei ab und zu umrühren.
6. Anschließend pürieren und mit Lorbeer, Koriander und Pfeffer abschmecken und warm stellen.
7. Die Ćevapčići im restlichen Öl bei starker Hitze knusprig braun braten.
8. Das Gemüse auf vorgewärmten Tellern anrichten, die Röllchen daraufsetzen und servieren.

Pro Portion
ca. 1.686 kJ/401 kcal
Vorbereitungszeit: 20 Min.
Zubereitungszeit: 30 Min.

GEFÜLLTE LAMMKEULE

1–1 1/2 kg Lammkeule ohne Knochen
Salz
Pfeffer aus der Mühle
100 g fetter Speck
250 g Kalbshackfleisch
100 g Mangold
50 g Butterschmalz
Saft einer Zitrone
1 Eigelb
1 EL Crème fraîche
1 EL gehackte Petersilie
etwas Mehl
2 EL Olivenöl
1/4 l Rotwein
1/4 l Lammfond (Fertigprodukt)

1. Das Fleisch waschen, trockentupfen und mit Salz und Pfeffer kräftig einreiben.
2. Den fetten Speck durch die grobe Scheibe des Fleischwolfes drehen und mit dem Hackfleisch mischen. Mit Salz und Pfeffer kräftig abschmecken.
3. Den Mangold putzen, waschen und tropfnaß im Butterschmalz 5 Minuten dünsten. Mit Zitronensaft verfeinern. Grob hacken und mit dem Eigelb, der Crème fraîche und der Petersilie unter das Hackfleisch ziehen.
4. Die Keule mit der Masse füllen und mit Küchengarn umwickeln. Mit Mehl bestäuben und in einem Bräter im heißen Öl anbraten. Im vorgeheizten Backofen bei 180° C ca. 2 Stunden schmoren lassen. Ab und zu mit etwas Rotwein begießen.
5. Anschließend die Keule herausnehmen, in Scheiben schneiden und warm stellen. Den Bratensatz mit dem restlichen Rotwein und dem Lammfond loskochen. Mit Salz und Pfeffer abschmecken und getrennt zum Fleisch reichen.

Pro Portion
ca. 4.156 kJ/989 kcal
Vorbereitungszeit: 20 Min.
Zubereitungszeit: 2 Std.

WILDHACKBRATEN MIT KRÄUTERSPECK

150 g fetter Speck
1 altbackenes Brötchen
650 g Wildfleisch
100 g Mett
2 Eier
2 Schalotten
Salz
schwarzer Pfeffer aus der Mühle
Muskat
1/2 Bund Basilikum
1/2 Bund Thymian
1/2 Bund Majoran
1 EL Öl
2 Kästchen Kresse

Pro Portion
ca. 2.798 kJ/666 kcal
Vorbereitungszeit: 20 Min.
Zubereitungszeit: 1 Std.

1. Den Speck ins Gefrierfach legen (Abb. 1).
2. Das Brötchen in Wasser einweichen.
3. Das Wildfleisch durch den Fleischwolf drehen (Abb. 2), mit dem Mett mischen und die Eier unterziehen (Abb. 3).
4. Die Schalotten schälen und fein würfeln (Abb. 4). Zusammen mit dem ausgedrückten Brötchen unter das Hackfleisch heben (Abb. 5) und das Ganze gut verkneten. Mit Salz, Pfeffer und Muskat abschmecken.
5. Die Kräuter waschen, trockenschleudern und feinhacken (Abb. 6). Den Speck aus dem Gefrierfach nehmen, in schmale Streifen schneiden (Abb. 7) und in den Kräutern wälzen (Abb. 8).
6. Das Hackfleisch zu einem Laib formen (Abb. 9) und mit den gekräuterten Speckstreifen spicken (Abb. 10).
7. Auf ein geöltes Backblech setzen und im Backofen bei 220° C ca. 1 Stunde backen (Abb. 11). Zwischendurch immer wieder mit austretendem Bratfett begießen (Abb. 12).
8. Die Kresse abschneiden, waschen, trockenschleudern, auf einer Platte verteilen, den Braten daraufsetzen und servieren.

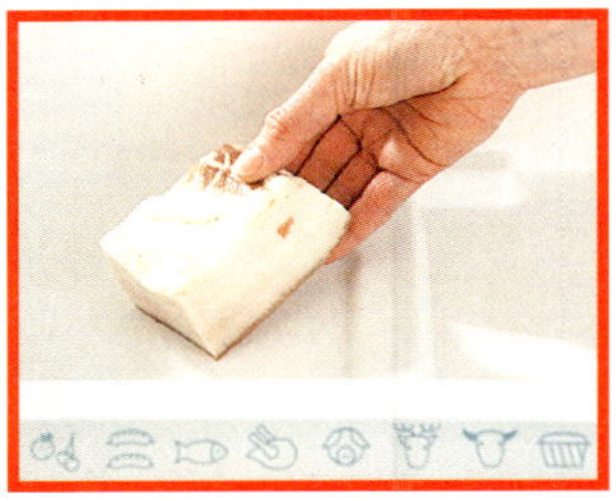
Abb. 1

Abb. 2

Abb. 3

Abb. 4

Abb. 5

Abb. 6

Abb. 7

Abb. 8

Abb. 9

Abb. 10

Abb. 11

Abb. 12

BUNTES GEMÜSE MIT BISS

Gemüse hat das ganze Jahr Saison. Raffiniert gefüllt mit Hackfleisch wird es zum Geheimtip für Genießer. Auch mit herzhaften Fleischsaucen muß man diese schmackhaften Vitaminbomben probiert haben.

GEFÜLLTE PAPRIKASCHOTEN

4 rote oder grüne Paprikaschoten
1 Kochbeutel Wildreismischung
Salz
200 g gemischtes Hackfleisch
1 EL Butterschmalz
1 Zwiebel
Pfeffer aus der Mühle
Paprikapulver
1 Dose Champignons (170 g Einwaage)
4 Tomaten
2 Eier
eventuell etwas Paniermehl

1. Die Paprikaschoten putzen, die Deckel abschneiden, die Schoten entkernen, waschen und beiseite stellen.
2. Den Reis in ausreichend Salzwasser ca. 20 Minuten kochen lassen. Abschrecken und bereitstellen.
3. In der Zwischenzeit das Hackfleisch im Butterschmalz bröselig anbraten. Die Zwiebel schälen, in Würfel schneiden und dazugeben. Das Ganze kräftig mit Salz, Pfeffer und Paprikapulver abschmecken.
4. Die Champignons auf ein Sieb geben und abtropfen lassen.
5. Die Tomaten kreuzweise einritzen, überbrühen, enthäuten, entkernen und in kleine Würfel schneiden. Zusammen mit den Champignons zum Fleisch geben.
6. Den Reis ebenfalls dazugeben und das Ganze mit den Eiern vermengen. Eventuell etwas Paniermehl dazugeben.
7. Die Paprikaschoten mit der Masse füllen und im vorgeheizten Backofen bei 200° C ca. 25–30 Minuten backen. Sofort servieren.

Pro Portion
ca. 1.417 kJ/337 kcal
Vorbereitungszeit: 25 Min.
Zubereitungszeit: 30 Min.

Gefüllte Zucchini
Pro Portion
ca. 1.359 kJ/323 kcal

Gefüllte Tomaten
Pro Portion
ca. 1.376 kJ/327 kcal

Gefüllte Kohlrabi
Pro Portion
ca. 1.392 kJ/331 kcal

Gefüllte Zucchini

2 große Zucchini waschen, der Länge nach halbieren, etwas aushöhlen und in eine gebutterte Form legen. Mit dem Hackfleisch-Reis-Gemisch füllen und im vorgeheizten Backofen bei 200° C ca. 30 Minuten backen.

Gefüllte Tomaten

4 Fleischtomaten waschen, die Deckel abschneiden und die Tomaten vorsichtig aushöhlen. Mit dem Hackfleisch-Reis-Gemisch füllen und in einem Topf mit etwas Gemüsebrühe 20 Minuten dünsten.

Gefüllte Kohlrabi

4 mittelgroße Kohlrabi ungeschält in Salzwasser ca. 15 Minuten blanchieren. Schälen, einen Deckel abschneiden und die Knollen aushöhlen. Die Füllung hineingeben und im vorgeheizten Backofen bei 180° C ca. 30–40 Minuten backen.

GROSSMUTTERS KOHLROULADEN

1 Weißkohl (ca. 750 g)
Salz
1 Brötchen
2 Zwiebeln
5 EL Schweineschmalz
600 g gemischtes Hackfleisch
1 Ei
Pfeffer aus der Mühle
1 TL gemahlene Kümmelkörner
1 Msp. frisch geriebener Muskat
1 Msp. gemahlene Pimentkörner
1/4 l Gemüsebrühe (Fertigprodukt)

1. Den Kohl putzen, d. h. die äußeren Blätter entfernen. Den Kopf mehrmals in kochendem Salzwasser blanchieren, bis alle Blätter abgelöst sind (Abb. 1). Unter kaltem Wasser abschrecken, gut trockentupfen und die Rippen flachschneiden (Abb. 2).
2. Das Brötchen einweichen.
3. Die Zwiebeln schälen, feinhacken und in 1 EL Schmalz anbraten.
4. Das Hackfleisch mit dem ausgedrückten Brötchen, dem Ei und den gebratenen Zwiebeln mischen (Abb. 3) und mit Salz, Pfeffer, Kümmel, Muskat und Piment kräftig abschmecken.
5. Die Kohlblätter auf einer Arbeitsfläche ausbreiten (Abb. 4). Jeweils 2 EL der Hackfleischmischung daraufgeben. Die Blätter an den Seiten einschlagen (Abb. 5), zusammenrollen und mit Rouladenklammern zusammenhalten (Abb. 6).
6. Die Rouladen in dem restlichen Schmalz anbraten. Mit der Brühe ablöschen und ca. 45 Minuten bei geringer Hitze schmoren lassen.

Pro Portion
ca. 3.415 kJ/813 kcal
Vorbereitungszeit: 20 Min.
Zubereitungszeit: 45 Min.

Abb. 1

Abb. 4

Abb. 2

Abb. 5

Abb. 3

Abb. 6

GEFÜLLTE WEINBLÄTTER

300 g Risottoreis
2 EL Olivenöl
1/2 l Instant-Fleischbrühe
1 Schalotte
2 Knoblauchzehen
100 g Frühstücksspeck
250 g gemischtes Hackfleisch
Pfeffer aus der Mühle
Paprikapulver
Muskat
12 Weinblätter aus der Dose
1 EL Butter

1. Den Reis in dem Olivenöl glasig dünsten. Mit der Brühe ablöschen, kurz aufkochen und 20 Minuten köcheln lassen.
2. In der Zwischenzeit die Schalotte und den Knoblauch schälen und zusammen mit dem Speck fein würfeln.
3. Den Speck in einer Pfanne auslassen und die Schalotten- und Knoblauchwürfel darin anbraten. Das Hackfleisch zugeben und mit anbraten. Dabei etwas zerbröseln.
4. Den Reis mit dem Hackfleisch mischen und mit den Gewürzen kräftig abschmecken.
5. Die Weinblätter abgießen, abtropfen lassen und ausbreiten. Mit der Hackfleischmasse füllen und zusammenrollen.
6. In der Butter anbraten, mit 300 ml Wasser ablöschen und gut 10–12 Minuten schmoren lassen.
7. Herausnehmen und auf vorgewärmten Tellern anrichten.

Pro Portion
ca. 3.834 kJ/913 kcal
Vorbereitungszeit: 10 Min.
Zubereitungszeit: 40 Min.

Tip

Weinblätter sind eine bekannte Spezialität der türkischen Küche. Auch bei uns finden diese schmackhaften Blätter mehr und mehr Freunde. Nicht zuletzt dadurch, daß sie ganzjährig in gut sortierten Feinkostabteilungen des Lebensmittel-Handels angeboten werden.

SPITZKOHL MIT HACKBRÖSELN

2–3 kleine Köpfe Spitzkohl (ca. 750 g)
4 dünne Möhren
3 Schalotten
1/4 l Instant-Gemüsebrühe
Salz
Pfeffer aus der Mühle
frisch geriebener Muskat
200 g Pumpernickel
2 EL Butterschmalz
250 g gemischtes Hackfleisch
1 EL Gin
Petersilienzweige zum Garnieren

1. Den Spitzkohl putzen, halbieren und den dicken Strunk entfernen. Dann das Gemüse waschen und abtropfen lassen.
2. Die Möhren und die Schalotten schälen. Die Möhren in Scheiben und die Schalotten in Ringe schneiden. Das Gemüse in der Brühe ca. 25 Minuten dünsten. 5 Minuten vor Ende der Garzeit mit Salz, Pfeffer und Muskat abschmecken. Das Gemüse aus der Brühe nehmen und warm stellen.
3. In der Zwischenzeit den Pumpernickel zerbröseln und in Butterschmalz anbraten. Das Hackfleisch dazugeben und ebenfalls mitbräunen. Dabei etwas zerbröseln. Mit Salz, Pfeffer und dem Gin abschmecken.
4. Die Möhren und die Schalotten auf vorgewärmten Tellern anrichten und die Spitzkohlhälften in die Mitte geben. Das Ganze mit dem Hackfleisch-Brot-Gemisch bestreuen und mit Petersilie garniert servieren.

Pro Portion
ca. 3.183 kJ/758 kcal
Vorbereitungszeit: 15 Min.
Zubereitungszeit: 25 Min.

GRATINIERTE FRÜHLINGSZWIEBELN

3 Bund Frühlingszwiebeln (ca. 600 g)
2 EL Butterschmalz
200 g gemischtes Hackfleisch
Pfeffer aus der Mühle
Salz
gemahlener Koriander
1 EL Öl für die Form
1 Becher Crème double (250 g)
1 Bund Petersilie
3 Knoblauchzehen
100 g Paniermehl
6 EL Olivenöl

1. Die Frühlingszwiebeln putzen, das dunkle Grün wegschneiden und das Weiße im Butterschmalz von allen Seiten gut 10 Minuten andünsten. Herausnehmen und bereitstellen.
2. Das Hackfleisch im Bratfett anbraten und dabei etwas zerbröseln. Mit Pfeffer, Salz und Koriander abschmecken.
3. Eine feuerfeste Form einfetten und abwechselnd Hackfleisch und Frühlingszwiebeln einschichten. Die Crème double darüberstreichen.
4. Die Petersilie waschen, trockenschleudern und feinhacken. Die Knoblauchzehen schälen und fein würfeln. Beides mit dem Paniermehl mischen. Das Öl nach und nach zugeben, bis sich eine streuselartige Masse bildet. Das Gratin damit bestreuen, mit Pfeffer würzen und im vorgeheizten Backofen bei 220° C ca. 20 Minuten überbacken.

Pro Portion
ca. 2.612 kJ/622 kcal
Vorbereitungszeit: 20 Min.
Zubereitungszeit: 20 Min.

FEINSCHMECKER-MÖHREN

100 g Wildreis
4 dicke Möhren
(ca. 600 g)
Salz
Zucker
1 Zwiebel
1 EL Butterschmalz
250 g Lammhackfleisch
100 g Senfgurken
1/2 Becher
Crème fraîche (125 g)
Pfeffer aus der Mühle
1 Msp. Knoblauchpulver
1 Msp. Orangen-
schalen-Aroma
1 EL Öl
1 Estragonzweig

1. Den Wildreis in einem Sieb mit kaltem Wasser abspülen und abtropfen lassen. Mit ca. 0,8 l Wasser gut 5 Minuten kochen lassen. Dann die Hitzezufuhr drosseln und weitere 40 Minuten köcheln lassen, bis sich gut die Hälfte der Körner geöffnet hat. Beiseite stellen.
2. In der Zwischenzeit die Möhren putzen, der Länge nach halbieren und in Salzwasser mit einer Prise Zucker gut 15 Minuten dünsten.
3. Die Zwiebel schälen, fein würfeln und im Butterschmalz anschwitzen. Das Hackfleisch zugeben und gut 5–8 Minuten anbraten. Dabei etwas zerbröseln.
4. Die Senfgurken in kleine Würfel schneiden.
5. Die Möhren aushöhlen und das ausgelöste Fruchtfleisch würfeln. Mit dem Hackfleisch, den Gurken und der Crème fraîche mischen, würzen und das Ganze süßlich abschmecken. Die Füllung auf die Möhren verteilen. In einer gefetteten, feuerfesten Form im vorgeheizten Backofen bei 200° C kurz überbacken. Mit einigen Estragonblättern garniert servieren.

Pro Portion
ca. 1.716 kJ/408 kcal
Vorbereitungszeit: 45 Min.
Zubereitungszeit: 20 Min.

GEFÜLLTER BLUMENKOHL

1 großer Blumenkohl (ca. 750 g)
Salz
1 Zwiebel
1 EL Butterschmalz
350 g gemischtes Hackfleisch
Pfeffer aus der Mühle
1 Ei
1 EL Butter
2 EL Mehl
1/4 l Milch
frisch geriebener Muskat
50 g geriebener Parmesankäse
1 EL gehackte Mandeln

1. Den Blumenkohl putzen, waschen und in Salzwasser halbgar kochen (Abb. 1). Abtropfen lassen (Abb. 2) und von unten in der Mitte aushöhlen (Abb. 3).
2. Die Zwiebel schälen, in feine Würfel schneiden (Abb. 4) und im Butterschmalz andünsten. Das Hackfleisch zugeben (Abb. 5) und 8–10 Minuten anbraten. Dabei etwas zerbröseln. Mit Salz und Pfeffer abschmecken und mit dem Ei binden (Abb. 6).
3. Den Blumenkohl mit der Fleischmasse füllen (Abb. 7) und aufrecht in eine feuerfeste Form setzen (Abb. 8).
4. Für die Sauce die Butter erhitzen, das Mehl einrühren (Abb. 9) und anschwitzen. Mit der Milch ablöschen (Abb. 10) und aufkochen lassen. Mit Salz, Pfeffer und Muskat abschmecken und mit Käse und Mandeln verfeinern (Abb. 11).
5. Die Sauce über den Blumenkohl geben (Abb. 12) und das Ganze im vorgeheizten Backofen bei 225° C ca. 15 Minuten überbacken.

Pro Portion
ca. 2.022 kJ/481 kcal
Vorbereitungszeit: 30 Min.
Zubereitungszeit: 15 Min.

Abb. 1

Abb. 2

Abb. 3

Abb. 4

Abb. 5

Abb. 6

Abb. 7

Abb. 8

Abb. 9

Abb. 10

Abb. 11

Abb. 12

PAK-CHOI-GEMÜSE AUF HOLLÄNDISCHE ART

2 Stauden Pak-Choi (ca. 1 kg), ersatzweise junger Mangold oder grüner Chinakohl
300 g Kalbshackfleisch
2 EL Butter
Salz
Pfeffer aus der Mühle
2 cl Genever
1 Becher Crème fraîche (200 g)
1/2 Bund Estragon
100 g holländischer Butterkäse

1. Das Pak-Choi putzen, waschen und grob hacken.
2. Das Hackfleisch in Butter anbraten und dabei etwas zerbröseln. Das Gemüse dazugeben. Salzen, pfeffern und ca. 10 Minuten dünsten.
3. Mit dem Genever ablöschen und mit der Crème fraîche verfeinern. Den Estragon waschen, trockenschleudern, die Blättchen abzupfen, feinhacken und unter die Fleisch-Gemüse-Masse heben.
4. Das Ganze in eine feuerfeste Form füllen. Den Butterkäse in Streifen schneiden und gitterartig darüber verteilen. Im vorgeheizten Backofen bei 220° C ca. 15 Minuten überbacken.

Pro Portion
ca. 2.002 kJ/476 kcal
Vorbereitungszeit: 20 Min.
Zubereitungszeit: 15 Min.

Tip

Holländischer Butterkäse ist auch unter dem Namen „Kernhem“ im Handel. Ein mild-rahmiger Schnittkäse mit 60 % Fett in der Trockenmasse (F. i. Tr.), ideal zum Überbacken.

ZUCKERSCHOTEN IN FLEISCHSAUCE

800 g Zuckerschoten
2 EL Butter
1 Zwiebel
2 EL Butterschmalz
300 g Rinderhackfleisch
350 g gehackte Tomaten
1/2 TL Kräuter der Provence
Salz
Pfeffer aus der Mühle
1 Msp. Knoblauchpulver
1 Msp. Zwiebelpulver
2 EL Crème double
2 EL gehacktes Basilikum

1. Die Zuckerschoten waschen und eventuell noch vorhandene Fäden abziehen.
2. Etwa 10 Minuten in Butter dünsten und dann warm stellen.
3. In der Zwischenzeit die Zwiebel schälen, fein würfeln und im Butterschmalz andünsten.
4. Das Hackfleisch zugeben und ca. 15 Minuten dünsten. Dabei etwas zerbröseln.
5. Die Tomaten dazugeben und einmal unter Rühren aufkochen lassen. Mit den Kräutern der Provence, Salz, Pfeffer, dem Knoblauchpulver und dem Zwiebelpulver abschmecken. Mit der Crème double verfeinern.
6. Die Zuckerschoten auf vorgewärmten Tellern zusammen mit der Fleischsauce anrichten und mit dem Basilikum garnieren.

Pro Portion
ca. 1.863 kJ/443 kcal
Vorbereitungszeit: 10 Min.
Zubereitungszeit: 35 Min.

ÜBERBACKENER CHICORÉE

8 kleine Chicorée-
stauden (ca. 1 kg)
Salz
1 rote Zwiebel
1 Knoblauchzehe
2 EL Olivenöl
375 g gemischtes
Hackfleisch
1 Dose geschälte Tomaten
(480 g Einwaage)
Pfeffer aus der Mühle
1 TL Kräuter
der Provence
8 Scheiben
Chesterschmelzkäse

1. Den Chicorée putzen, waschen und den Strunk keilförmig ausschneiden. Das Gemüse in kochendem Salzwasser ca. 5 Minuten blanchieren.
2. In der Zwischenzeit die Zwiebel und den Knoblauch schälen, würfeln und im Öl anbraten.
3. Das Hackfleisch dazugeben, 5 Minuten mitbraten und dabei zerbröseln.
4. Die Tomaten abgießen und abtropfen lassen. Die Flüssigkeit auffangen und die Tomaten in Würfel schneiden. Beides zum Hackfleisch geben und ca. 10 Minuten köcheln lassen. Mit Salz, Pfeffer und den Kräutern abschmecken.
5. Die Chicoréestauden in eine feuerfeste Form legen. Mit der Hackfleischsauce begießen und mit dem Schmelzkäse belegen. Im vorgeheizten Backofen bei 200° C so lange überbacken, bis der Käse geschmolzen ist und etwas Farbe angenommen hat. Sofort servieren.

Pro Portion
ca. 2.173 kJ/517 kcal
Vorbereitungszeit: 20 Min.
Zubereitungszeit: 20 Min.

POLNISCHER ROTKOHL

1 Rotkohl (ca. 750 g)
2 Zwiebeln
1/2 l Instant-Gemüsebrühe
1 TL ganze
Kümmelkörner
1 Msp. gemahlene Nelken
1 Msp. gemahlene
Pimentkörner
1 Msp. Orangen-
schalen-Aroma
175 g Knoblauchwurst
1 grüne Paprikaschote
1 rote Paprikaschote
200 g gemischtes
Hackfleisch
2 EL Paniermehl
1 Ei
Salz
Pfeffer aus der Mühle
Paprikapulver

1. Den Rotkohl putzen, waschen und die äußeren Blätter entfernen. Den Strunk keilförmig ausschneiden.
2. Die Zwiebeln schälen und in Ringe schneiden. Die Gemüsebrühe mit den Zwiebeln und den Gewürzen aufkochen lassen. Den Rotkohl darin halbgar kochen.
3. Den Rotkohl herausnehmen, aushöhlen und das Innere feinhacken.
4. Für die Füllung die Wurst in Würfel schneiden, die Paprikaschoten putzen, waschen, entkernen und ebenfalls würfeln. Beides mit dem Hackfleisch, dem Paniermehl, dem Ei und dem gehackten Rotkohl mischen. Kräftig mit Salz, Pfeffer und Paprikapulver abschmecken.
5. Die Füllung in den Rotkohl geben und im vorgeheizten Backofen bei 160° C ca. 1 Stunde backen.

Pro Portion
ca. 2.011 kJ/479 kcal
Vorbereitungszeit: 20 Min.
Zubereitungszeit: 1 Std.

VERFÜHRERISCHE AUFLÄUFE

Aufläufe sind Gerichte mit einer langen Küchentradition. Früher machte man aus der Not eine Tugend und umhüllte das wenige Fleisch mit reichlich Gemüse, Kartoffeln, Reis, Brot o.ä. Wir zeigen, wie man aus den bewährten alten Rezepten neue Genüsse macht.

REISAUFLAUF

400 g Rinderhackfleisch
2 EL Butterschmalz
Salz, Pfeffer a. d. Mühle
Paprikapulver
450 g frisches oder Tk-gemischtes Gemüse
250 g Langkornreis
gemahlener Koriander
gemahl. Kümmelkörner
1 Prise Safran
2 EL gehackte, gemischte Kräuter (Thymian, Petersilie, Bohnenkraut)
1/2 l Instant-Gemüsebrühe
200 g geriebener Käse

1. Das Hackfleisch in dem Butterschmalz anbraten und dabei etwas zerbröseln. Kräftig mit Salz, Pfeffer und Paprikapulver abschmecken.
2. Das Gemüse (Bohnen, Möhren, Blumenkohl, Erbsen oder Kohlrabi) putzen, waschen und zerkleinern bzw. das Tk-Gemüse auftauen lassen. In Salzwasser 5 Minuten blanchieren.
3. Den Reis mit dem Hackfleisch und dem Gemüse mischen. Mit Koriander, Kümmel und dem Safran würzen und mit den Kräutern verfeinern. Das Ganze in eine gefettete Auflaufform füllen und mit der Brühe aufgießen.
4. Mit dem Käse bestreuen und im vorgeheizten Backofen bei 250° C ca. 45 Minuten backen.

Pro Portion
ca. 3.671 kJ/874 kcal
Vorbereitungszeit: 15 Min.
Zubereitungszeit: 45 Min.

Reisauflauf auf Ungarische Art
Pro Portion
ca. 3.722 kJ/886 kcal

Reisauflauf auf Indische Art
Pro Portion
ca. 4.088 kJ/973 kcal

Reisauflauf auf Asiatische Art
Pro Portion
ca. 3.629 kJ/864 kcal

Reisauflauf auf Ungarische Art

Zutaten und Zubereitung wie im Grundrezept beschrieben, aber als Gemüse werden Paprikawürfel, 150 g Maiskörner, 100 g in Würfel geschnittene Zwiebeln und eine zerdrückte Knoblauchzehe verwendet. Das Ganze wird mit Rosenpaprika feurig abgeschmeckt.

Reisauflauf auf Indische Art

Zutaten und Zubereitung wie im Grundrezept beschrieben, aber als Gemüse werden 350 g Palmherzen aus der Dose, 50 g Kokosraspeln und 50 g gehackte Cashewkerne verwendet. Das Ganze wird mit Safran, Curry und Kreuzkümmel abgeschmeckt.

Reisauflauf auf Asiatische Art

Zutaten und Zubereitung wie im Grundrezept beschrieben, aber als Gemüse werden 200 g Lauchzwiebeln, 100 g Sojabohnenkeime, 100 g in Würfel geschnittener Tofu und 50 g eingeweichte chinesische Morcheln (Wolkenohrpilze) verwendet. Das Ganze wird fruchtig-würzig mit Ingwer, Nelkenpulver und Mangosauce abgeschmeckt.

SCHWARZWURZEL-KASSEROLLE

800 g Schwarzwurzeln
3 EL Essig
Salz
3 EL Milch
10 Scheiben Frühstücksspeck
1 Zwiebel
2 EL Butterschmalz
250 g gemischtes Hackfleisch
Pfeffer aus der Mühle
frisch geriebener Muskat
125 g gekochter Schinken
1 Becher Crème double (125 g)
50 g geriebener Gouda
20 g Butter
1/2 Bund Petersilie

1. Die Schwarzwurzeln kräftig abbürsten (Abb. 1), dann schaben oder zum dünnen Ende hin ganz dünn schälen (Abb. 2).
2. Die Wurzeln in 4–5 cm lange Stücke schneiden (Abb. 3) und ca. 30 Minuten in kaltes Essigwasser legen, damit sie nicht braun werden.
3. Dann in Salzwasser mit der Milch ca. 1 Stunde dünsten (Abb. 4). Herausnehmen, abtropfen lassen und beiseite stellen.
4. In der Zwischenzeit eine geeignete Auflaufform mit den Speckscheiben auslegen.
5. Die Zwiebel schälen, würfeln und im Butterschmalz andünsten. Das Hackfleisch zugeben und 5 Minuten anbraten. Dabei etwas zerbröseln und mit Salz, Pfeffer und Muskat abschmecken.
6. Den Schinken in kleine Würfel schneiden und unter das Hackfleisch heben.
7. Die Schwarzwurzeln abwechselnd mit dem Fleisch in die Auflaufform schichten (Abb. 5). Die Crème double mit dem Käse mischen, mit Muskat verfeinern und darübergießen (Abb. 6). Die Butter in Flöckchen darauf verteilen.
8. Im Backofen bei 200° C ca. 25 Minuten backen. Mit etwas Petersilie garnieren und servieren.

Pro Portion
ca. 4.700 kJ/1.119 kcal
Vorbereitungszeit: 80 Min.
Zubereitungszeit: 25 Min.

Tip

Essig war schon im Altertum ein Würz- und Konservierungsmittel. Die Herstellung war ganz einfach. Bier oder Wein wurde in großen Bottichen an einem warmen Ort einige Tage offen stehen gelassen und die in der Luft enthaltenen Essigsäurebakterien erledigten den Rest – der Alkohol wurde zu Essig.

Abb. 1

Abb. 3

Abb. 5

Abb. 2

Abb. 4

Abb. 6

GRÜNER NUDELAUFLAUF

250 g grüne Bandnudeln
Salz
3 EL Olivenöl
3 Schalotten
450 g gemischtes Hackfleisch
Pfeffer aus der Mühle
1 Msp. Knoblauchpulver
2 Fleischtomaten
150 g Salami
1 EL Butterschmalz
3 Eier
1/8 l Milch
je 1 TL gerebelter Rosmarin, Salbei, Oregano
200 g geriebener Parmesankäse

1. Die Bandnudeln in Salzwasser mit 1 EL Öl „al dente" (bißfest) kochen. Abgießen, abschrecken und beiseite stellen.
2. Die Schalotten schälen, würfeln und im restlichen Öl glasig dünsten.
3. Das Hackfleisch zugeben, 5 Minuten anbraten und dabei etwas zerbröseln. Mit Salz, Pfeffer und Knoblauchpulver abschmecken und beiseite stellen.
4. Die Tomaten waschen und in Scheiben schneiden. Die Salami ebenfalls in Scheiben schneiden.
5. Eine Auflaufform einfetten und die Nudeln als erste Schicht einfüllen.
6. Mit Hackfleisch abdecken. Die Tomaten- und die Salamischeiben im Wechsel dachziegelartig darauf verteilen.
7. Die Eier mit der Milch und den Kräutern verquirlen und darübergießen. Das Ganze mit dem Käse bestreuen und im vorgeheizten Backofen bei 200° C ca. 30 Minuten backen.

Pro Portion
ca. 4.707 kJ/1.120 kcal
Vorbereitungszeit: 20 Min.
Zubereitungszeit: 30 Min.

SELLERIEAUFLAUF

250 g Reis
Salz
1 kg Staudensellerie
2 Zwiebeln
2 EL Butterschmalz
250 g gemischtes Hackfleisch
Pfeffer aus der Mühle
4 Tomaten
225 g Parmesankäse am Stück
1 EL Öl
2 Eier
Paprikapulver

1. Den Reis in Salzwasser ca. 25 Minuten kochen.
2. Den Sellerie putzen, eventuell die Fasern abziehen, waschen und in 2–3 cm lange Stücke schneiden. In Salzwasser ca. 5 Minuten blanchieren.
3. Die Zwiebeln schälen, würfeln und im Butterschmalz andünsten. Das Hackfleisch zugeben, 5 Minuten braten und dabei etwas zerbröseln. Salzen und pfeffern.
4. Die Tomaten kreuzweise einritzen, überbrühen, enthäuten und in Viertel schneiden. Den Parmesan feinreiben.
5. Den abgetropften Reis als erste Schicht in eine gefettete Auflaufform einfüllen. Die Selleriestücke darauflegen. Die Tomaten mit dem Hackfleisch und 2/3 des Käses mischen und darüber verteilen.
6. Den restlichen Käse daraufstreuen. Die Eier verquirlen und mit Salz, Pfeffer und Paprika würzen. Über den Auflauf gießen und diesen im vorgeheizten Backofen bei 225° C ca. 15 Minuten backen.

Pro Portion
ca. 2.947 kJ/701 kcal
Vorbereitungszeit: 20 Min.
Zubereitungszeit: 15 Min.

PILZPFANNE „DIANA"

500 g mehlige Kartoffeln
Salz, 1 TL Kümmelkörner
50 g Kräuterbutter
2 Eigelb
50 g Kräuterfrischkäse
frisch geriebener Muskat
Pfeffer aus der Mühle
1 Msp. gemahlene Kümmelkörner
4 EL Butterschmalz
1 EL Paniermehl
250 g Wildgulasch
250 g gem. Hackfleisch
2 Schalotten
Paprikapulver
2 EL Cumberlandsauce
1 EL Preiselbeeren
50 g Bauchspeck
350 g gemischte Waldpilze aus der Dose
1 EL gehackte Petersilie
1 Dose Tomaten (400 g)

1. Die Kartoffeln waschen und kräftig abbürsten. Mit dem Salz und dem Kümmel 20–25 Minuten in der Schale kochen. Pellen und durch eine Kartoffelpresse drücken. Mit Kräuterbutter, Eigelb und Frischkäse mischen, mit Muskat, Pfeffer und Kümmel abschmecken.
2. Eine Auflaufform mit der Hälfte des Fettes einfetten und mit Paniermehl ausstreuen. Den Kartoffelteig hineingeben.
3. Das Wildgulasch durch die feine Scheibe des Fleischwolfes drehen und mit dem Hackfleisch mischen.
4. Die Schalotten schälen, fein würfeln und im restlichen Butterschmalz glasig dünsten. Das Hackfleisch zugeben und 5 Minuten anbraten. Mit Salz, Pfeffer und Paprika abschmecken und mit der Cumberlandsauce und den Preiselbeeren verfeinern. Als zweite Schicht einfüllen.
5. Den Speck in Würfel schneiden und auslassen. Die Pilze abgießen und abtropfen lassen. Zum Speck geben und 5 Minuten dünsten. Die Petersilie dazugeben und in die Form füllen.
6. Die Tomaten mit Flüssigkeit auf dem Auflauf verteilen und diesen im vorgeheizten Backofen bei 180° C ca. 40 Minuten backen.

Pro Portion
ca. 3.234 kJ/770 kcal
Vorbereitungszeit: 35 Min.
Zubereitungszeit: 40 Min.

ROTKRAUTAUFLAUF „ST. HUBERTUS“

100 g durchwachsener Speck
300 g Wildfleisch
300 g Schweinemett
Salz
Pfeffer aus der Mühle
1 Msp. gemahlene Wacholderbeeren
frisch geriebener Muskat
1 TL gerebelter Rosmarin
5 Schalotten
180 g Steinpilze aus der Dose
1 EL Butter
1 mittelgroßer Kopf Rotkohl (ca. 400 g)
2 EL Schweineschmalz
3–5 EL Instant-Gemüsebrühe
1 Lorbeerblatt
3 Wacholderbeeren
2 Nelken
250 g Crème fraîche
1 Ei

1. Den Speck fein würfeln und auslassen.
2. Das Wildfleisch durch den Wolf drehen, mit dem Mett zu dem Speck geben und 5 Minuten anbraten. Dabei etwas zerbröseln. Mit Salz und Pfeffer würzen und mit Wacholderbeeren, Muskat und Rosmarin abschmecken.
3. Die Schalotten schälen, würfeln und unter die Fleischmasse ziehen. Das Ganze weitere 5 Minuten dünsten, dabei ab und zu umrühren und beiseite stellen.
4. Die Pilze abgießen und abtropfen lassen. Etwa 2–3 Minuten in der Butter dünsten und vom Herd nehmen.
5. Den Rotkohl putzen, waschen, fein hobeln. Im Schmalz andünsten, mit der Brühe auffüllen und mit dem Lorbeerblatt, den Wacholderbeeren und den Nelken würzen. Etwa 30 Minuten schmoren lassen.
6. Eine Auflaufform einfetten und als erste Schicht die Fleischmasse einfüllen. Die Pilze darüber verteilen und mit dem Rotkohl abdecken.
7. Die Crème fraîche und das Ei glattrühren, mit Salz und Pfeffer abschmecken und über den Auflauf verteilen.
8. Im vorgeheizten Backofen bei 200° C ca. 25–30 Minuten backen.

Pro Portion
ca. 3.027 kJ/719 kcal
Vorbereitungszeit: 1 Std.
Zubereitungszeit: 30 Min.

FEINER BROKKOLIAUFLAUF

750 g Brokkoli
Salz
300 g Kalbshackfleisch
1 Eigelb
2 EL Paniermehl
Kräutersalz
Pfeffer
Muskat
1 Dose Pariser Karotten (270 g Einwaage)
300 g Prinzeßbohnen aus der Dose
2 EL Butterschmalz
20 g Butter
40 g Mehl
100 g geriebener Gruyèrekäse
2 EL gehackte Petersilie

1. Den Brokkoli putzen, waschen und in Röschen teilen. In Salzwasser ca. 5–10 Minuten blanchieren, dann herausnehmen, abtropfen lassen und beiseite stellen.

2. Das Hackfleisch mit dem Eigelb, dem Paniermehl, Kräutersalz, Pfeffer und Muskat gut verkneten. Aus dem Fleischteig kleine Klößchen formen und sie im Gemüsewasser ca. 10 Minuten gar ziehen. Herausnehmen, abtropfen lassen und beiseite stellen. Die Brühe für die Sauce aufbewahren.

3. Die Karotten und die Bohnen abgießen und abtropfen lassen.

4. Eine Auflaufform einfetten. Das Gemüse mit den Klößchen vorsichtig mischen und hineinfüllen.

5. Die Butter erhitzen, das Mehl einstreuen und anschwitzen. Mit 1/2 l der Brokkolibrühe ablöschen und aufkochen. Mit Salz und Pfeffer abschmecken und den Käse einrühren.

6. Über den Auflauf gießen. Die Form einmal kräftig schütteln, damit sich die Sauce gleichmäßig verteilt. Im vorgeheizten Backofen bei 200° C ca. 15–20 Minuten überbacken. Mit Petersilie bestreut servieren.

Pro Portion
ca. 1.583 kJ/376 kcal
Vorbereitungszeit: 25 Min.
Zubereitungszeit: 20 Min.

BUNTE HACKFLEISCHPFANNE

500 g Kartoffeln
Salz
3 Schalotten
1 Ei
2 EL Paniermehl
450 g gemischtes Hackfleisch
Pfeffer aus der Mühle
1 EL Butterschmalz
1/8 l Milch
frisch geriebener Muskat
20 g Butter
1 Msp. Safran
100 g Tk-Erbsen
1 EL Tomatenmark
50 g geriebener Käse

1. Die Kartoffeln schälen und in Salzwasser gar kochen.
2. Die Schalotten schälen und fein würfeln. Zusammen mit dem Ei und dem Paniermehl unter das Hackfleisch heben. Mit Salz und Pfeffer abschmecken und das Ganze gut mischen.
3. Die Fleischmasse in eine gut gefettete Auflaufform streichen.
4. Die Kartoffeln abschütten und die Milch erhitzen. Dann beides zu Kartoffelpüree zerstampfen und mit Salz, Pfeffer, Muskat und der Butter abschmecken. In drei Portionen teilen. Ein Drittel davon mit dem Safran gelb färben.
5. Die Erbsen in Salzwasser 10 Minuten garen. Pürieren und mit dem zweiten Teil des Kartoffelbreis mischen. Das letzte Drittel mit dem Tomatenmark rot färben.
6. Den bunten Kartoffelbrei schichtweise in der Reihenfolge gelb–grün–rot auf das Hackfleisch streichen.
7. Den Käse darüberstreuen und im vorgeheizten Backofen bei 180° C ca. 15 Minuten überbacken.

Pro Portion
ca. 2.479 kJ/596 kcal
Vorbereitungszeit: 30 Min.
Zubereitungszeit: 15 Min.

WESTFÄLISCHER AUFLAUF

2 Zwiebeln
1 Gemüsezwiebel
500 g frisches Mett
Salz
Pfeffer aus der Mühle
1 TL scharfer Senf
Paprikapulver
3 EL Butterschmalz
500 g Gewürzgurken aus dem Glas
250 g Pumpernickel
20 cl klarer Korn
200 g Crème double

Pro Portion
ca. 3.414 kJ/813 kcal
Vorbereitungszeit: 15 Min.
Zubereitungszeit: 15 Min.

1. Die Zwiebeln und die Gemüsezwiebel schälen und feinhacken (Abb. 1).
2. Das Mett mit Salz, Pfeffer, Senf und Paprikapulver kräftig abschmecken (Abb. 2). Die Zwiebelwürfel unterheben (Abb. 3).
3. Aus der Masse Klößchen formen (Abb. 4) und zusammen mit den Gemüsezwiebelwürfeln in 2 EL Butterschmalz von allen Seiten kräftig anbraten (Abb. 5).
4. Die Gewürzgurken abgießen, abtropfen lassen (Abb. 6) und in Scheiben schneiden (Abb. 7). Zu den Klößchen geben und kurz erwärmen.
5. Die Pumpernickelscheiben zerbröseln (Abb. 8), mit dem Korn übergießen (Abb. 9) und 5 Minuten durchziehen lassen.
6. In der Zwischenzeit die Klößchen, die Zwiebelwürfel und die Gurkenscheiben in die mit dem restlichen Butterschmalz gefettete Auflaufform füllen (Abb. 10).
7. Die Crème double mit den Brotbröseln glatt rühren (Abb. 11) und über den Auflauf verteilen (Abb. 12).
8. Im vorgeheizten Backofen bei 250° C ca. 15 Minuten überbacken.

Abb. 1

Abb. 2

Abb. 3

Abb. 4

Abb. 5

Abb. 6

Abb. 7

Abb. 8

Abb. 9

Abb. 10

Abb. 11

Abb. 12

DEFTIGER KARTOFFELTOPF

1 kg festkochende Kartoffeln
150 g durchwachsener Speck
250 g gemischtes Hackfleisch
Salz
Pfeffer aus der Mühle
frisch geriebener Muskat
20 g Butterschmalz
750 g Weinsauerkraut aus der Dose
1/4 l Instant-Gemüsebrühe
100 g geriebener Käse
50 g Butter
1 EL gehackte Petersilie

1. Die Kartoffeln waschen, schälen und in dünne Scheiben schneiden.
2. Den Speck fein würfeln und auslassen. Das Hackfleisch dazugeben, 5 Minuten mitbraten und dabei etwas zerbröseln. Mit Salz, Pfeffer und Muskat abschmecken und beiseite stellen.
3. Die Kartoffelscheiben im Butterschmalz anbraten.
4. Das Sauerkraut abgießen und abtropfen lassen.
5. Eine Auflaufform einfetten und alle Zutaten schichtweise in der Reihenfolge Kartoffeln–Sauerkraut–Hackfleisch–Sauerkraut–Kartoffeln einfüllen.
6. Die Gemüsebrühe darübergießen und mit dem Käse bestreuen. Die Butter darüber verteilen und im vorgeheizten Backofen bei 200° C 30 Minuten backen. Den Auflauf mit der gehackten Petersilie bestreuen und servieren.

Pro Portion
ca. 3.531 kJ/840 kcal
Vorbereitungszeit: 20 Min.
Zubereitungszeit: 30 Min.

Deftiger Kartoffeltopf auf Fränkische Art
Pro Portion
ca. 4.457 kJ/1.061 kcal

Deftiger Kartoffeltopf auf Thüringer Art
Pro Portion
ca. 4.247 kJ/1.011 kcal

Deftiger Kartoffeltopf auf Altdeutsche Art
Pro Portion
ca. 5.050 kJ/1.202 kcal

Deftiger Kartoffeltopf auf Fränkische Art

Zutaten und Zubereitung wie im Grundrezept beschrieben, aber das Sauerkraut wird durch 1 Dose Maronen (480 g Einwaage) und 2 gewürfelte Zwiebeln ersetzt.

Deftiger Kartoffeltopf auf Thüringer Art

Zutaten und Zubereitung wie im Grundrezept, aber das Sauerkraut wird mit 150 g Blutwurstwürfeln ergänzt und zusätzlich mit gerebeltem Majoran und Thymian sowie gemahlenem Piment herzhaft abgeschmeckt.

Deftiger Kartoffeltopf auf Altdeutsche Art

Zutaten und Zubereitung wie im Grundrezept beschrieben, aber das Sauerkraut wird durch 750 g Grünkohl ersetzt, der mit Gänseschmalz, Kümmel, Muskat und 100 g knusprig gebratenen Speckwürfeln verfeinert wird.

HERZHAFTER ROSENKOHLSCHMAUS

750 g frischer oder Tk-Rosenkohl
750 g Kartoffeln
100 g durchwachsener Speck
3 EL Butterschmalz
1/4 l Instant-Gemüsebrühe
Salz
Pfeffer aus der Mühle
frisch geriebener Muskat
450 g Zwiebelmett
1 EL Olivenöl
100 g geriebener Parmesankäse

1. Den Rosenkohl putzen und waschen bzw. auftauen. Die Kartoffeln schälen und grob würfeln.
2. Den Speck fein würfeln und auslassen. 2 EL Butterschmalz dazugeben und den Rosenkohl 5 Minuten andünsten. Die Brühe zugießen und das Ganze mit Salz, Pfeffer und Muskat abschmecken.
3. Die Kartoffeln dazugeben und das Ganze 30 Minuten schmoren.
4. In der Zwischenzeit das Zwiebelmett im Öl kräftig anbraten. Dabei etwas zerbröseln.
5. Die Fleischmasse vorsichtig mit dem Rosenkohl und den Kartoffeln mischen.
6. Das Ganze in die mit dem restlichen Butterschmalz gefettete Auflaufform füllen, mit Käse bestreuen und im vorgeheizten Backofen bei 200° C etwa 15 Minuten überbacken.

Pro Portion
ca. 4.573 kJ/1.088 kcal
Vorbereitungszeit: 40 Min.
Zubereitungszeit: 15 Min.

Tip

Rosenkohl ist der feine Ableger der großen, deftigen Kohl-Familie. Ein schmackhaftes und vitaminreiches Wintergemüse, das in der gemüsearmen Zeit immer frisch zubereitet werden sollte. Da er sich gut einfrieren läßt, ist es empfehlenswert, auf Sonderangebote zu achten.

BROTAUFLAUF

3 Vollkornbrötchen
4 Schalotten
2 Knoblauchzehen
4 EL Butterschmalz
3/8 l Weißbier
Salz
Pfeffer aus der Mühle
1 TL gerebelter Majoran
375 g Rinderhackfleisch
1 EL Kräuter-Crème-fraîche
375 g Edelpilzkäse

1. Die Brötchen in 1 cm dicke Scheiben schneiden.
2. Die Schalotten und den Knoblauch schälen, würfeln und in 1 EL Butterschmalz glasig dünsten.
3. Mit dem Bier ablöschen, mit Salz und Pfeffer abschmecken und mit Majoran verfeinern.
4. Das Hackfleisch in 2 EL Butterschmalz anbraten und dabei etwas zerbröseln. Mit Salz und Pfeffer abschmecken und mit der Kräuter-Crème-fraîche verfeinern.
5. Eine mit dem restlichen Butterschmalz gefettete Auflaufform mit der Hälfte der Brötchenscheiben auslegen und mit etwas Biersud tränken. Das Hackfleisch darauf verteilen. Mit den restlichen Brötchenscheiben abdecken. Den noch vorhandenen Biersud darübergießen. Den Käse in Bröckchen schneiden und darauf verteilen.
6. Im vorgeheizten Backofen bei 180° C ca. 25 Minuten backen und sofort servieren.

Pro Portion
ca. 4.573 kJ/1.088 kcal
Vorbereitungszeit: 20 Min.
Zubereitungszeit: 25 Min.

MAINZER KÜMMELBRATENAUFLAUF

1 Wirsing (ca. 750 g)
Salz
50 g Butterschmalz
1 TL Kümmel
1 Knoblauchzehe
125 g grobe Mettwurst
1 Ei
3 EL Paniermehl
375 g gemischtes Hackfleisch
Pfeffer aus der Mühle
1 EL trockener Weißwein
450 g Kartoffeln
10 Scheiben Frühstücksspeck

1. Den Wirsing putzen, waschen und in Salzwasser 15 Minuten blanchieren. 10 große Blätter ablösen und beiseite legen. Den Rest feinhacken.
2. Den Wirsing in 40 g Butterschmalz andünsten. Den Kümmel dazugeben. Den Knoblauch schälen, zerdrücken, dazugeben und alles ca. 15 Minuten dünsten. Dabei ab und zu umrühren.
3. Die Mettwurst in Scheiben schneiden. Zusammen mit Ei und Paniermehl zum Hackfleisch geben und gut verkneten. Kräftig mit Salz und Pfeffer abschmecken und mit dem Wein verfeinern.
4. Die Kartoffeln waschen, schälen und dünn hobeln.
5. Den Speck auslassen. Herausnehmen und die Kartoffeln im Bratfett anbräunen.
6. Eine Auflaufform mit dem restlichen Butterschmalz einfetten. Mit 5 Wirsingblättern auslegen (Abb. 1). Den gedünsteten Wirsing mit dem Hackfleisch mischen (Abb. 2) und darauf verteilen (Abb. 3). Mit den Kartoffelscheiben belegen (Abb. 4) und mit den restlichen 5 Wirsingblättern abdecken (Abb. 5). Die Speckscheiben gitterförmig darüberlegen (Abb. 6) und im vorgeheizten Backofen bei 200° C 45–50 Minuten backen.

Pro Portion
ca. 4.775 kJ/1.137 kcal
Vorbereitungszeit: 50 Min.
Zubereitungszeit: 50 Min.

Abb. 1

Abb. 2

Abb. 3

Abb. 4

Abb. 5

Abb. 6

BADISCHE SPINATPFANNE

500 g Spätzle
Salz
1 EL Öl
300 g Blattspinat
400 g gemischtes Hackfleisch
3 EL Butterschmalz
Pfeffer aus der Mühle
20 g Butter
2 Fleischtomaten
50 g Parmesankäse

1. Die Spätzle in Salzwasser, dem 1 EL Öl zugegeben wurde, bißfest garen.
2. In der Zwischenzeit den Spinat verlesen, waschen und abtropfen lassen.
3. Das Hackfleisch in 2 EL Butterschmalz anbraten und dabei etwas zerbröseln. Salzen und pfeffern.
4. Den Spinat dazugeben und das Ganze 5 Minuten dünsten. Dabei ab und zu vorsichtig umrühren.
5. Die Spätzle abgießen, abschrecken und abtropfen lassen. In der Butter schwenken und beiseite stellen.
6. Die Fleisch-Gemüse-Masse mit den Nudeln mischen und in eine mit dem restlichen Butterschmalz gefettete Auflaufform füllen.
7. Die Fleischtomaten in Scheiben schneiden und den Stielansatz dabei entfernen.
8. Die Tomatenscheiben dachziegelartig darauf verteilen. Den Parmesan feinreiben und darüberstreuen. Im vorgeheizten Backofen bei 200° C ca. 15 Minuten überbacken.

Pro Portion
ca. 4.047 kJ/963 kcal
Vorbereitungszeit: 20 Min.
Zubereitungszeit: 15 Min.

AUBERGINENAUFLAUF

1 kg Auberginen
4 Schalotten
2 Knoblauchzehen
5 EL Olivenöl
400 g Lammhackfleisch
Salz
Pfeffer aus der Mühle
je 1/2 TL gerebelter Salbei, gerebelter Thymian, gerebelter Rosmarin, gerebelter Oregano
30 g Butter
40 g Mehl
1/2 l Milch
100 g Schafskäse
1 EL Zitronensaft

1. Die Auberginen waschen und in 1 cm dicke Scheiben schneiden.
2. Die Schalotten und den Knoblauch schälen, fein würfeln und in 1 EL Öl andünsten.
3. Das Hackfleisch dazugeben und gut 5 Minuten anbraten. Dabei etwas zerbröseln. Mit Salz und Pfeffer abschmecken und mit Salbei, Thymian, Rosmarin und Oregano würzen. Beiseite stellen.
4. Die Auberginenscheiben im restlichen Öl anbraten.
5. Die Butter zerlassen, das Mehl einrühren und anschwitzen. Mit der Milch ablöschen und aufkochen. Salzen und pfeffern und den Käse darin schmelzen. Mit dem Zitronensaft verfeinern.
6. Das Hackfleisch abwechselnd mit den Auberginen in eine feuerfeste Form schichten und mit der Sauce begießen. Im vorgeheizten Backofen bei 200° C ca. 35 Minuten überbacken.

Pro Portion
ca. 2.223 kJ/529 kcal
Vorbereitungszeit: 20 Min.
Zubereitungszeit: 35 Min.

Tip

Auberginen werden auch „Eierfrüchte“ genannt, da sie ursprünglich in Form und Farbe den Hühnerprodukten ähnelten. Durch neue Züchtungen entstanden die heute bekannten, dunkelvioletten Arten, die von Juni bis Oktober bei uns frisch angeboten werden.

NUDELN - KLEIN, ABER OHO

Nudeln sind immer ein wenig das Aschenbrödel der Küche – blaß und ohne viel Geschmack. Eine bunte Hackfleischsauce hingegen läßt ihren Geschmack voll zur Geltung kommen. Auf den folgenden Seiten zeigen wir Ihnen, was diese Teiggebilde zu einem vollendeten Eßgenuß werden läßt.

HÖRNCHENNUDELN MIT FLEISCHSAUCE

500 g Hörnchennudeln
Salz
2 EL Olivenöl
1 Zwiebel
1 Knoblauchzehe
1 Chilischote
400 g gemischtes Hackfleisch
1 Dose geschälte Tomaten (800 g)
1 Lorbeerblatt
1 Msp. gemahlene Nelken
Pfeffer aus der Mühle
Paprikapulver
1 Bund Basilikum

1. Die Nudeln in Salzwasser mit 1 EL Olivenöl „al dente" (bißfest) kochen.
2. In der Zwischenzeit die Zwiebel und den Knoblauch schälen und in feine Würfel schneiden. Die Chilischote waschen, entkernen und ebenfalls würfeln. Alles in 1 EL Olivenöl anschwitzen.
3. Das Hackfleisch zugeben, 5 Minuten anbraten und dabei etwas zerbröseln.
4. Die Tomaten abgießen und die Flüssigkeit dabei auffangen. Mit einer Gabel grob zerdrücken und mit Lorbeer und Nelken würzen. Zusammen mit dem Saft zum Hackfleisch geben und gut 10 Minuten köcheln lassen. Ab und zu umrühren. Kräftig mit Salz, Pfeffer und Paprika würzen.
5. Das Basilikum waschen, trockenschleudern und in feine Streifen schneiden. Die Sauce damit verfeinern.
6. Die Nudeln abgießen, heiß abschrecken, abtropfen lassen und zusammen mit der Sauce servieren.

Pro Portion
ca. 3.418 kJ/813 kcal
Vorbereitungszeit: 5 Min.
Zubereitungszeit: 20 Min.

Fleisch-Pilz-Sauce
Pro Portion
ca. 3.947 kJ/939 kcal

Fleisch-Gemüse-Sauce
Pro Portion
ca. 4.468 kJ/1.064 kcal

Fleisch-Käse-Sauce
Pro Portion
ca. 4.393 kJ/1.046 kcal

Fleisch-Pilz-Sauce

Die Sauce wie im Grundrezept beschrieben zubereiten, nur daß man dabei die Tomaten durch 270 g Austernpilze ersetzt und mit 200 g Crème fraîche auffüllt. Die Chilischote entfällt.

Fleisch-Gemüse-Sauce

Für diese Sauce die Tomaten durch 300 g Tk-Balkangemüse ersetzen und 150 g durchwachsenen, in Würfel geschnittenen und ausgelassenen Speck dazugeben.

Fleisch-Käse-Sauce

Die Sauce wie im Grundrezept beschrieben zubereiten und das Hackfleisch mit 200 g süßer Sahne ablöschen. Dann mit 1 EL Kräutern der Provence und 125 g Edelpilzkäse verfeinern.

MAULTASCHEN IN KLARER BRÜHE

200 g Mehl
2 Eier
1/2 TL Salz
2 EL Olivenöl
1 kleine Zwiebel
1 Knoblauchzehe
150 g gemischtes Hackfleisch
Salz
Pfeffer aus der Mühle
1 EL gemischte, gehackte Kräuter (Basilikum, Thymian, Oregano, Salbei)
1 Eiweiß
1/2 l Instant-Gemüsebrühe
1/2 l Instant-Fleischbrühe
1 Bund Petersilie

1. Das Mehl in eine Schüssel sieben. In die Mitte eine Vertiefung drücken und die Eier und das Salz hineingeben. Nach und nach das Öl unterziehen und alles gut verkneten. Den Teig in Frischhaltefolie einschlagen und gut 2 Stunden an einem kühlen Ort ruhen lassen.

2. In der Zwischenzeit die Zwiebel und den Knoblauch schälen, würfeln und mit dem Hackfleisch mischen. Mit Salz, Pfeffer und den gehackten Kräutern abschmecken.

3. Den Teig halbieren (Abb. 1) und daraus auf einer bemehlten Arbeitsplatte zwei Quadrate von ca. 40 cm ausrollen (Abb. 2). Auf einem Teil kleine Quadrate von 5–6 cm anzeichnen (Abb. 3).

4. Die Hackfleischmasse auf die kleinen Quadrate verteilen (Abb. 4). Die Zwischenräume mit Eiweiß bestreichen. Die zweite Teigplatte darüberlegen (Abb. 5) und fest andrücken. Mit einem Teigrädchen oder Messer die Quadrate ausschneiden (Abb. 6).

5. Die Gemüsebrühe mit der Fleischbrühe mischen und aufkochen lassen. Die Maultaschen hineingeben und ca. 12–15 Minuten gar ziehen lassen.

6. Die Petersilie waschen, trockenschleudern, feinhacken und in die Brühe einstreuen.

Pro Portion
ca. 4.129 kJ/983 kcal
Vorbereitungszeit: 35 Min.
(ohne Kühlzeit)
Zubereitungszeit: 15 Min.

Abb. 1

Abb. 3

Abb. 5

Abb. 2

Abb. 4

Abb. 6

MAKKARONI MIT WILDHASCHEE

400 g Wildgulasch
1 Zwiebel
2 EL Butterschmalz
1/2 TL grüne Pfefferkörner
1 Msp. gemahlenes Lorbeerblatt
1/2 TL gemahlene Pimentkörner
1 Zweig Thymian
1 Zweig Rosmarin
1/2 l Wildfond (Fertigprodukt)
125 g Tk-Erbsen
Salz
Pfeffer aus der Mühle
2 EL Crème fraîche
500 g Makkaroni
1 EL Olivenöl

1. Das Wildfleisch durch die grobe Scheibe des Fleischwolfes drehen.
2. Die Zwiebel schälen, in feine Würfel schneiden und in Butterschmalz anschwitzen.
3. Das Hackfleisch dazugeben und 5 Minuten anbraten. Dabei etwas zerbröseln.
4. Mit den Pfefferkörnern, dem Lorbeerblatt und dem Piment würzen. Die Kräuterzweige abspülen, trockenschütteln, die Blättchen abzupfen und unterheben. Mit dem Wildfond ablöschen.
5. Die Erbsen hineingeben und das Ganze ca. 15 Minuten köcheln lassen. Mit Salz und Pfeffer abschmecken und mit Crème fraîche verfeinern.
6. In der Zwischenzeit die Makkaroni in Salzwasser mit dem Öl „al dente", d. h. bißfest, kochen.
7. Die Nudeln abgießen, abschrecken und gut abtropfen lassen. Zusammen mit dem Haschee anrichten und servieren.

Pro Portion
ca. 4.213 kJ/1.003 kcal
Vorbereitungszeit: 10 Min.
Zubereitungszeit: 35 Min.

ÜBERBACKENE TORTELLINI

500 g Tortellini
2 Zwiebeln
3 EL Butterschmalz
500 g gemischtes Hackfleisch
Salz
Pfeffer aus der Mühle
1/2 Aubergine (ca. 200 g)
1 Dose geschälte Tomaten (800 g)
je 1 TL gerebeltes Basilikum, gerebelter Oregano, Salbei, Thymian
125 g Kräuterfrischkäse

1. Die Tortellini nach Packungshinweisen garen.
2. In der Zwischenzeit die Zwiebeln schälen, würfeln und in 2 EL Butterschmalz anschwitzen.
3. Das Hackfleisch zugeben, 5 Minuten anbraten und dabei etwas zerbröseln. Mit Salz und Pfeffer abschmecken.
4. Die Aubergine waschen, in Scheiben schneiden und dazugeben. Das Ganze ca. 6–8 Minuten schmoren. Dabei ab und zu umrühren.
5. Die Tomaten abgießen und die Flüssigkeit dabei auffangen. Mit einer Gabel grob zerdrücken und zusammen mit dem Saft und den Kräutern zum Hackfleisch geben.
6. Die Tortellini nach Ende der Kochzeit abgießen, abschrecken und gut abtropfen lassen.
7. Eine Auflaufform mit dem restlichen Butterschmalz einfetten. Die Nudeln mit der Sauce mischen und hineingeben.
8. Den Käse darüber verteilen und im vorgeheizten Backofen bei 225° C ca. 15 Minuten überbacken.

Pro Portion
ca. 4.384 kJ/1.044 kcal
Vorbereitungszeit: 20 Min.
Zubereitungszeit: 15 Min.

LASAGNETASCHEN

250 g Lasagneblätter
1 Zwiebel
2 EL Butterschmalz
300 g gemischtes Hackfleisch
Salz
Pfeffer aus der Mühle
Paprikapulver
1 Becher Magerjoghurt (200 g)
2 EL Kräuterfrischkäse
1 EL geriebener Meerrettich
2 EL Weinbrand
1 EL Tomatenmark
2 Eier
5 EL Paniermehl
Öl zum Fritieren

1. Die Lasagneblätter gemäß den Packungshinweisen garen.
2. Die Zwiebel schälen, würfeln und im Butterschmalz anschwitzen.
3. Das Hackfleisch zugeben und 5 Minuten anbraten. Dabei etwas zerbröseln. Mit Salz, Pfeffer und Paprika abschmecken und beiseite stellen.
4. Den Joghurt mit dem Käse und dem Meerrettich glatt rühren. Mit Weinbrand und Tomatenmark aromatisieren und unter das Hackfleisch heben.
5. Die Nudelplatten abgießen, abschrecken und gut abtropfen lassen. Auf einer Arbeitsfläche ausbreiten. Die Fleischmasse darauf verteilen.
6. Die Eier trennen und die Friteuse vorheizen.
7. Die Ränder der Lasagneblätter mit Eiweiß bestreichen und fest zusammendrücken.
8. Die Taschen erst in verquirltem Eigelb und dann in Paniermehl wenden. In heißem Öl ausbacken und sofort servieren.

Pro Portion
ca. 2.650 kJ/631 kcal
Vorbereitungszeit: 15 Min.
Zubereitungszeit: 25 Min.

BANDNUDELN MIT KAPERNSAUCE

500 g Tagliatelle
Salz
3 EL Olivenöl
1 Zwiebel
250 g Kalbshackfleisch
1/8 l Weißwein
1 Becher
süße Sahne (200 g)
1 mittelgroße
Gewürzgurke
4 eingelegte Maiskölbchen
1 EL Kapern
Pfeffer aus der Mühle

1. Die Nudeln in Salzwasser mit 1 EL Olivenöl „al dente", d. h. bißfest, garen.
2. Die Zwiebel schälen, in kleine Würfel schneiden und im restlichen Olivenöl anschwitzen.
3. Das Hackfleisch dazugeben und 5 Minuten anbraten. Dabei etwas zerbröseln. Mit dem Weißwein ablöschen, die Sahne zugeben und alles etwas einkochen lassen.
4. Die Tagliatelle abgießen, abschrecken und gut abtropfen lassen.
5. Die Gurke in feine Würfel und die Maiskolben in 1 cm dicke Stücke schneiden. Zusammen mit den Kapern unter das Hackfleisch heben. Mit Salz und Pfeffer abschmecken und zusammen mit den Nudeln servieren.

Pro Portion
ca. 3.301 kJ/786 kcal
Vorbereitungszeit: 5 Min.
Zubereitungszeit: 25 Min.

VOLLKORNRAVIOLI

200 g Vollkornmehl
2 Eier
1/2 TL feines Meersalz
2 EL kaltgepreßtes Olivenöl
100 g durchwachsener Speck
1 Zwiebel
50 g Sauerampfer
1 Knoblauchzehe
180 g Zwiebelmett
1 TL gerebeltes Basilikum
1 TL gerebelter Oregano
1/2 TL gerebelter Thymian
1 TL gerebelter Rosmarin
1 Eiweiß
3/8 l Fleischbrühe
500 g Spinat
1/8 l Gemüsebrühe
4 EL süße Sahne
Salz
Pfeffer aus der Mühle
frisch geriebener Muskat
40 g geriebener Parmesankäse

Pro Portion
ca. 3.071 kJ/731 kcal
Vorbereitungszeit: 25 Min.
(ohne Kühlzeit)
Zubereitungszeit: 20 Min.

1. Das Mehl in eine Schüssel sieben und in die Mitte eine Vertiefung drücken. Die Eier und das Salz hineingeben. Das Öl nach und nach unterziehen und alles gut verkneten. Den Teig in Frischhaltefolie einschlagen und gut 2 Stunden an einem kühlen Ort ruhen lassen.
2. In der Zwischenzeit den Speck in Streifen schneiden (Abb. 1) und auslassen. Die Zwiebel schälen, in Ringe schneiden (Abb. 2) und zu dem Speck geben. Goldgelb rösten und dann beiseite stellen.
3. Den Sauerampfer putzen (Abb. 3), waschen und 2–3 Minuten blanchieren (Abb. 4). Herausnehmen, abtropfen lassen und zusammen mit dem Speck, den Zwiebeln und der geschälten Knoblauchzehe pürieren (Abb. 5).
4. Das Zwiebelmett mit den Kräutern und dem Gemüsemus mischen (Abb. 6).
5. Den Teig halbieren und daraus auf einer bemehlten Arbeitsplatte Quadrate von 30–35 cm ausrollen und auf einem der Quadrate kleine Quadrate von 3 cm anzeichnen (Abb. 7).
6. Die Hackfleischmasse auf die kleinen Quadrate verteilen (Abb. 8). Die Zwischenräume mit Eiweiß einstreichen (Abb. 9) und das Ganze mit der zweiten Teigplatte abdecken. Fest andrücken und mit einem Teigrädchen oder Messer die Quadrate ausschneiden (Abb. 10).
7. Die so entstandenen Ravioli in die Fleischbrühe geben und 12–15 Minuten ziehen lassen.
8. Für die Sauce den Spinat putzen (Abb. 11), waschen und in der Gemüsebrühe 5 Minuten blanchieren. Mit der Brühe und der Sahne pürieren (Abb. 12). Die Sauce mit Salz, Pfeffer und Muskat abschmecken und mit dem Parmesan verfeinern.
9. Die Ravioli abgießen und mit der Sauce servieren.

Abb. 1

Abb. 2

Abb. 3

Abb. 4

Abb. 5

Abb. 6

Abb. 7

Abb. 8

Abb. 9

Abb. 10

Abb. 11

Abb. 12

CANNELLONI MIT ENDIVIENFÜLLUNG

1 Kopf Endiviensalat
100 g durchwachsener Speck
2 Frühlingszwiebeln
150 g gemischtes Hackfleisch
1 EL gehackte gemischte Kräuter (Petersilie, Basilikum, Thymian)
Salz
Pfeffer aus der Mühle
frisch geriebener Muskat
30 g Butter
40 g Mehl
1/4 l Milch
1/4 l Instant-Gemüsebrühe
50 g geriebener Käse
1 EL Butterschmalz
12–16 Cannelloniröllchen

1. Den Endiviensalat putzen, waschen und grob hacken.
2. Den Speck würfeln und auslassen.
3. Die Frühlingszwiebeln waschen, putzen, in Ringe schneiden, dazugeben und glasig dünsten.
4. Das Hackfleisch dazugeben, 5 Minuten braten und dabei etwas zerbröseln. Dann die Kräuter zugeben, salzen und pfeffern.
5. Den Endiviensalat auf dem Hackfleisch verteilen, etwas Muskat darüberreiben und 5–8 Minuten dünsten. Dabei ab und zu vorsichtig mischen.
6. Die Butter schmelzen, das Mehl einstreuen und anschwitzen. Mit der Milch und der Brühe ablöschen und aufkochen lassen. Salzen, pfeffern und den Käse unterziehen.
7. Eine geeignete Auflaufform mit dem Butterschmalz einfetten. Auf dem Boden etwas von der Sauce verteilen.
8. Die Cannellonirollen mit der Fleischmasse füllen, auf die Sauce setzen und mit der restlichen Sauce übergießen. Das Ganze im vorgeheizten Backofen bei 250° C ca. 30 Minuten überbacken. Sofort servieren.

Pro Portion
ca. 2.924 kJ/696 kcal
Vorbereitungszeit: 25 Min.
Zubereitungszeit: 30 Min.

FRUCHTIGE TEIGBEUTEL

250 g Mehl
2 EL süße Sahne
3 Eier
Salz
250 g gemischtes Hackfleisch
2 EL Butterschmalz
Pfeffer aus der Mühle
75 g Sauerkirschen aus dem Glas
1 Prise Zimt
1 Msp. gemahlene Nelken
1 Msp. Orangen-schalen-Aroma
1/2 TL Curry
30 g Butter
4 EL Paniermehl

1. Das Mehl in eine Schüssel sieben und in die Mitte eine Vertiefung drücken. Die Sahne, die Eier und Salz dazugeben und alles gut verkneten. Den Teig in Frischhaltefolie einschlagen und an einem kühlen Ort etwa 30–40 Minuten ruhen lassen.

2. In der Zwischenzeit das Hackfleisch in Butterschmalz anbraten und dabei etwas zerbröseln. Mit Salz und Pfeffer würzen.

3. Die Sauerkirschen auf ein Sieb geben und abtropfen lassen. Vorsichtig unter das Hackfleisch heben und das Ganze mit Zimt, Nelkenpulver, Orangenschalen-Aroma und Curry abschmecken.

4. Den Nudelteig hauchdünn ausrollen und 8 Quadrate von 8 x 8 cm ausschneiden. Die Füllung darauf verteilen. Die Ränder etwas mit Wasser einstreichen und die Teigstücke zu kleinen Beuteln formen.

5. In leicht gesalzenem Wasser ca. 5 Minuten leicht köcheln und dann gut abtropfen lassen.

6. Die Butter aufschäumen lassen, das Paniermehl darin anrösten und über die Teigbeutel geben. Sofort auf vorgewärmten Tellern servieren.

Pro Portion
ca. 2.633 kJ/627 kcal
Vorbereitungszeit: 15 Min.
(ohne Kühlzeit)
Zubereitungszeit: 10 Min.

REZEPTVERZEICHNIS